메시지 | 요한복음

KB215081

THE MESSAGE

Eugene H. Peterson

MESSAGE

요한복음

유진 피터슨

복 있는 사람

메시지 | 요한복음

2019년 3월 29일 초판 1쇄 발행
2024년 12월 30일 초판 12쇄 발행

지은이 유진 피터슨
옮긴이 김순현 윤종석 이종태
감수자 김영봉
펴낸이 박종현

(주) 복 있는 사람
주소 서울특별시 마포구 연남동 246-21(성미산로23길 26-6)
전화 02-723-7183(편집), 7734(영업·마케팅) 팩스 02-723-7184
이메일 hismessage@naver.com
등록 1998년 1월 19일 제1-2280호

ISBN 978-89-6360-283-7 03230

이 도서의 국립중앙도서관 출판예정도서목록(CIP)은 서지정보유통지원시스템 홈페이지(http://
seoji.nl.go.kr)와 국가자료공동목록시스템(http://www.nl.go.kr/kolisnet)에서 이용하실 수 있습니다. (CIP 제어번호: 2019008674)

『메시지』는 유진 피터슨 **MESSAGE** 공식 한국어판입니다.
『메시지』 한국어판은 서평이나 비상업적인 목적인 경우 50절까지 인용할 수 있으나, 그 이상 인용하거나 상업적인 목적인 경우 반드시 저작권자인 복 있는 사람 출판사의 서면 허가를 받아야 합니다.

차례

007 『메시지』를 읽는 독자에게

011 요한복음 머리말

013 **요한복음**

일러두기

• 유진 피터슨의 『메시지』 영어 원문을 번역하면서, 한국 교회의 실정과 환경을 고려하여 『메시지』 한글 번역본의 극히 일부분을 의역하거나 문장과 용어를 바꾸었다.

『메시지』를 읽는 독자에게

『메시지』에 독특한 점이 있다면, 현직 목사가 그 본문을 다듬었기 때문일 것이다. 나는 성경의 메시지를 내가 섬기는 사람들의 삶 속에 들여놓는 것을 내게 주어진 일차적 책임으로 받아들이고 성인 인생의 대부분을 살아왔다. 강단과 교단, 가정 성경공부와 산상수련회에서 그 일을 했고, 병원과 양로원에서 대화하면서, 주방에서 커피를 마시고 바닷가를 거닐면서 그 일을 했다. 『메시지』는 40년간의 목회 사역이라는 토양에서 자라난 열매다.

인간의 삶을 만들고 변화시키는 하나님의 말씀은, 내가 『메시지』 작업을 하는 동안 정말로 사람들의 삶을 만들고 변화시켰다. 우리 교회와 공동체라는 토양에 심겨진 말씀의 씨앗은, 싹을 틔우고 자라서 열매를 맺었다. 현재의 『메시지』를 작업할 무렵에는, 내가 수확기의 과수원을 누비며 무성한 가지에서 잘 영근 사과며 복숭아며 자두를 따고 있다는 기분이 들곤 했다. 놀랍게도 성경에는, 내가 목회하는 성도며 죄인인 사람들이 살아 낼 수 없는 말씀, 이 나라와 문화 속에서 진리로 확증되지 않는 말씀이 단 한 페이지도 없었다.

내가 처음부터 목사였던 것은 아니다. 원래 나는 교사의 길에 들어서서, 몇 년간 신학교에서 성경 원어인 히브리어와 그리스어를 가르쳤다. 남은 평생을 교수와 학자로 가르치고 집필하고 연구하며 살겠거니 생각했었다. 그러다 갑자기 직업을 바꾸어 교회 목회를 맡게 되었다.

뛰어들고 보니, 교회는 전혀 다른 세계였다. 제일 먼저 눈에 띈 차이는, 아무도 성경에 별로 관심이 없어 보인다는 점이었다. 얼마 전까지만 해도, 사람들은 내게 돈을 내면서까지 성경을 가르쳐 달라고 했는데 말이다. 내가 새로 섬기게 된 사람들 중 다수는, 사실 성경에 대해 아무것도 몰랐다. 성경을 읽은 적도 없었고, 배우려는 마음조차 없었다. 성경을 몇 년씩 읽어 온 사람들도 많았지만, 그들에게 성경은 너무 익숙해서 무미건조하고 진부한 말로 전락해 있었다. 그들은 지루함을 느낀 나머지 성경을 제쳐 둔 상태였다. 그 양쪽 사이에 있는 사람은 많지 않았다. 내가 가장 중요하게 여긴 일은, 성경 말씀을 그 사람들의 머리와 가슴 속에 들여놓아서, 성경의 메시지가 그들의 삶이 되게 하는 것이었다. 그러나 거기에 관심을 갖는 사람은 거의 없었다. 신문과 잡지, 영화와 소설이 그들 입맛에 더 맞았다.

결국 나는, 바로 그 사람들에게 성경의 메시지를 듣게—정말로 듣게—해주는 일을 내 평생의 본분으로 삼게 되었다. 그것이야말로 확실히 나를 위해 예비된 일이었다.

나는 성경의 세계와 오늘의 세계라는 두 언어 세계에 살고 있었다. 나는 언제나 그 두 세계가 같은 세계인 줄 알았다. 그러나 사람들은 그렇게 보지 않았다. 나는 어쩔 수 없이 "번역가"(당시에는 그런 표현을 쓰지 않았지만)가 되었다. 날마다 그 두 세계의 접경에 서서, 하나님이 우리를 창조하시고 구원하시고 치유하시고 복 주시고 심판하시고 다스리실 때 쓰시는 성경의 언어를, 우리가 잡담하고 이야기하고 길을 알려 주고 사업하고 노래 부르고 자녀에게 말할 때 쓰는 오늘의 언어로 옮긴 것이다.

그렇게 하는 동안, 성경의 원어—강력하고 생생한 히브리어와 그리스어—는 끊임없이 내 설교의 물밑에서 작용했다. 성경의 원어는 단어와 문장을 힘 있고 예리하게 해주고, 내가 섬기는 사람들의 상상력을 넓혀 주었다. 그래서 오늘의 언어 속에서 성경의 언어를 듣고, 성경의 언어 속에서 오늘의 언어를 들을 수 있게 해주었다.

나는 30년간 한 교회에서 그 일을 했다. 그러던 어느 날(1990년 4월 30일이었다), 한 편집자가 내게 편지를 보내 왔다. 그동안 내가 목사로서 해온 일의 연장선에서 새로운 성경 번역본을 집필해 달라는 청탁의 편지였다. 나는 수락했다. 그 후 10년은 수확기였다. 그 열매가 바로 『메시지』다.

『메시지』는 읽는 성경이다. 기존의 탁월한 주석성경을 대체하기 위한 것이 아니다. 내 취지는 간단하다. (일찍이 우리 교회와 공동체에서도 그랬듯이) 성경이 충분히 읽을 수 있는 책이라는 사실을 모르는 사람들에게 성경을 읽게 해주고, 성경에 관심을 잃은 지 오래된 사람들에게 성경을 다시 읽게 해주는 것이다. 그렇다고 굳이 내용을 쉽게 하지는 않았다. 성경에는 이해하기 어려운 부분도 많이 있다. 그래서 『메시지』를 읽다 보면, 더 깊은 연구에 도움이 될 주석성경을 구하는 일이 조만간 중요하게 여겨질 것이다. 그때까지는, 일상을 살기 위해 읽으라. 읽으면서 이렇게 기도하라. "하나님, 말씀하신 대로 내게 이루어지기를 원합니다."

유진 피터슨

요한복음 |

성경의 첫 책인 창세기에서, 하나님은 말씀으로 창조세계를 존재하게 하시는 분으로 소개된다. 하나님께서 말씀하시면, 그 말씀대로 하늘과 땅, 바다와 강, 나무와 풀, 새와 물고기, 동물과 사람이 생겨난다. 보이는 모든 것과 보이지 않는 모든 것이, 하나님께서 하신 말씀으로 존재하게 된다.

요한은 창세기의 여는 말과 유사하게 하려는 의도에서, 말씀으로 구원을 이루시는 분으로 하나님을 소개한다. "처음에 그 말씀이 계셨다. 그 말씀은 하나님과 함께 계셨고, 하나님도 그 말씀과 함께 계셨다. 그 말씀이 곧 하나님이셨다. 그 말씀은 첫날부터 하나님을 위해 준비된 말씀이었다"(요 1:1-2). 이번에는 하나님의 말씀이 예수의 인격 속에서 사람의 모습을 입고 역사 속으로 들어온다. 예수께서 말씀하시면, 그 말씀대로 용서와 심판, 치유와 깨달음, 자비와 은혜, 기쁨과 사랑, 자유와 부활이 생겨난다. 망가지고 타락한 모든 것과 죄악되고 병든 모든 것이, 하나님께서 하신 말씀으로 구원을 얻는다.

왜냐하면 첫 창조 이후에 어디선가 일이 잘못되었고(창세기는 그 이야기도 전한다), 그것을 바로잡는 일이 절실히 필요해졌기 때문이다. 바로잡는 일 역시 말씀하심으로 이루어졌다. 구원하시는 하나님의 말씀이 예수의 인격 속에서 나타난 것이다. 이 이야기에서, 예수는 하나님의 말씀을 선포하시는 분 정도가 아니다. 그분 자신이 곧 하나님의 말씀이시다.

우리는 이 말씀과 사귀면서 우리의 말이 예상보다 훨씬 중요하다는 것을 깨닫게 된다. 예를 들어, "내가 믿습니다"라고 말하는 것이 삶과 죽음을 가르는 표지가 된다. 요한은 "이것을 기록한 이유는, 예수께서 메시아이시며 하나님의 아들이심을 여러분으로 믿게 하고, 그 믿음을 통해 예수께서 친히 계시해 주신 참되고 영원한 생명을 얻게 하려는 것이다"라고 말한다(요 20:30-31). 예수와 대화할 때 우리의 말에 품위와 무게가 실린다. 그것은 예수께서 구원을 해답으로 강요하시지 않기 때문이다. 그분은 편안한 대화, 친밀하고 인격적인 관계, 자비로운 반응, 뜨거운 기도, 그리고—이 모든 것을 아우르는—희생적인 죽음을 통해, 구원을 선포하고 존재하게 하신다. 우리는 그 같은 말씀을 무심하게 지나칠 수 없다.

요한복음

그 말씀이 살과 피가 되어

1

1-2 처음에 그 **말씀**이 계셨다.

그 말씀은 하나님과 함께 계셨고,

하나님도 그 말씀과 함께 계셨다.

그 말씀이 곧 하나님이셨다.

그 말씀은 첫날부터 하나님을 위해 준비된 말씀이었다.

3-5 모든 것이 그분을 통해 창조되었다.

그분 없이 창조된 것은

단 하나도 없었다.

존재할 수 있도록 한 것은 바로 생명이었으니,

그 생명은 삶을 유지하는 빛이었다.

그 **생명** 빛이 어둠을 뚫고 타올랐으니,
어둠은 그 빛을 끌 수 없었다.

⁶⁻⁸ 일찍이 한 사람이 있었다. 그의 이름은 요한이었다. 그는
그 생명 빛에 이르는 길을 가리켜 보이라고 하나님께서 보
내신 사람이었다. 그가 온 것은, 어디를 보고 누구를 믿어야
할지를 모든 사람에게 보여주기 위해서였다. 요한 자신은
그 빛이 아니었다. 그는 그 빛에 이르는 길을 보여주려고 온
사람이었다.

⁹⁻¹³ 그 생명 빛은 참된 빛이었다.
그분은 생명에 들어가는 사람 누구나
그 빛 속으로 데려가신다.
그분이 세상에 계셨고
세상이 그분을 통해 존재했지만
세상은 그분을 알아보지 못했다.
그분이 자기 백성에게 오셨지만
그들은 그분을 원치 않았다.
그러나 그분을 원했던 이들,
그분이 스스로 말씀하신 그분이며
말씀하신 대로 행하실 분이라고 믿은 이들은 누구나,
그들의 참된 자아,
곧 하나님의 자녀가 되게 해주셨다.

이들은 피로 난 자도 아니고
육체로 난 자도 아니며
성관계로 난 자도 아닌
하나님에게서 난 사람들이다.

14 그 말씀이 살과 피가 되어
우리가 사는 곳에 오셨다.
우리는 그 영광을 두 눈으로 보았다.
단 하나뿐인 그 영광은
아버지 같고, 아들 같아서
안팎으로 두루 충만하고
처음부터 끝까지 참된 영광이었다.

15 요한은 그분을 가리켜 외쳤다. "이분이 바로 그분이시다!
내가 전에 내 뒤에 오시지만, 사실은 나보다 앞서 계신 분이
라고 말한 것은, 바로 이분을 두고 한 말이다. 그분은 언제나
나보다 먼저 계신 분, 늘 먼저 말씀하신 분이기 때문이다."

16-18 우리 모두는 그분의 충만한 은혜,
끊임없이 베푸시는 선물에 의지해 살아간다.
우리가 기본적인 것은 모세에게서 받았지만,
이 풍성한 주고받음,
이 끝없는 앎과 깨달음,

이 모든 것은 메시아 예수를 통해 받았다.
이제까지 하나님을 본 사람,
어렴풋하게라도 그분을 본 사람은 없었다.
아버지의 심장에 계신 분,
단 하나뿐인 하나님의 모습이신 그분께서
하나님을 대낮처럼 분명하게 드러내 보이셨다.

광야에서 외치는 소리

¹⁹⁻²⁰ 예루살렘의 유대인들이 제사장과 관리들을 요한에게
보내어 그가 누구인지 물어보았을 때, 요한은 아무것도 숨
기지 않았다. 그는 그 질문을 얼버무려 넘기지 않고, 사실
그대로 말했다. "나는 메시아가 아니다."

²¹ 그들이 다그쳐 물었다. "그렇다면 누구란 말이오? 엘리야
요?"

"아니다."

"예언자요?"

"아니다."

²² 그들은 화를 내며 말했다. "그렇다면 누구란 말이오? 우
리를 보낸 이들에게 전해 줄 답변이 필요하오. 무엇이라도
좋으니, 당신 자신에 대해 좀 알려 주시오."

²³ "나는 '하나님을 위해 길을 곧게 하라'고 광야에서 외치는
소리다. 나는 예언자 이사야가 선포한 일을 행하는 것이다."

²⁴⁻²⁵ 요한에게 질문한 사람들은 바리새인들이 보낸 이들이

었다. 이제 그들은 자신들이 궁금해 하던 질문을 던졌다. "당신이 메시아도 아니고 엘리야도 아니고 예언자도 아니라면, 세례는 왜 주는 겁니까?"

26-27 요한이 대답했다. "나는 물로 세례를 줄 뿐이다. 그러나 너희 가운데 너희가 알아보지 못하는 한분이 서 계신다. 그분은 내 뒤에 오시지만, 내 다음가는 분이 아니시다. 나는 그분의 겉옷을 들고 있을 자격조차 없는 사람이다."

28 이것은 요한이 세례를 주던 요단 강 건너편 베다니에서 나눈 대화였다.

하나님을 계시하시는 분

29-31 이튿날, 요한은 예수께서 자기에게 오시는 것을 보고 큰소리로 말했다. "이분이 하나님의 유월절 어린양이시다! 세상 죄를 용서하시는 분이다! 내가 전에 '내 뒤에 오시지만, 사실은 나보다 앞서 계신 분'이라고 말한 이가 바로 이분이다. 나는 이분이 누구신지 전혀 알지 못했다. 내가 아는 것은, 이분이 하나님을 계시하시는 분이심을 알아보도록 이스라엘을 준비시키는 것이 내 임무라는 것뿐이었다. 그래서 내가 여기에 와서 물로 세례를 주는 것이다. 너희를 말끔히 씻기고 너희 삶에서 죄를 씻어 내어, 너희로 하여금 하나님과 함께 새 출발을 하게 하려는 것이다."

32-34 요한은 자신의 증언을 이 말로 매듭지었다. "나는 성령께서 비둘기처럼 하늘에서 내려와 이분 안에 편히 머무시는

것을 보았다. 다시 말하지만, 내가 이분에 대해 아는 것은,
물로 세례를 주라고 내게 권한을 주신 분께서 '너는 성령이
내려와 한분 위에 머무는 것을 보게 될 텐데, 바로 그가 성
령으로 세례를 줄 것이다'라고 말씀하신 것뿐이었다. 나는
정확하게 그 일이 일어나는 것을 보았고, 그래서 너희에게
말하는 것이다. 이분이 하나님의 아들이신 것에는 조금도
의심의 여지가 없다."

와서 직접 보아라

35-36 이튿날 요한이 두 제자와 함께 자기 일터에 있다가, 예
수께서 근처를 지나가시는 것을 보고 말했다. "하나님의 유
월절 어린양이시다."

37-38 두 제자는 요한의 말을 듣고 예수를 따라갔다. 예수께서
고개를 돌려 그들을 보시고 말씀하셨다. "무엇을 찾느냐?"
그들이 말했다. "랍비님, 어디에 묵고 계십니까?" (랍비는
'선생'이라는 뜻이다.)

39 예수께서 대답하셨다. "와서 직접 보아라."
그들은 가서 예수께서 지내시는 곳을 보았고, 그날을 그분
과 함께 지냈다. 늦은 오후에 일어난 일이었다.

40-42 요한의 증언을 듣고 예수를 따라간 두 사람 중 하나,
시몬 베드로의 동생 안드레였다. 그가 예수께서 지내시는
곳을 확인하고 나서 맨 먼저 한 일은, 자기 형 시몬을 찾아
가 "우리가 메시아를 만났다"고 알린 것이었다. (메시아는 곧

그리스도다.) 그는 즉시 시몬을 예수께로 인도했다.

예수께서 시몬을 쳐다보시고 말씀하셨다. "너는 요한의 아들 시몬이 아니냐? 이제부터 네 이름은 게바다." (게바는 베드로, 곧 '바위'라는 뜻이다.)

43-44 이튿날 예수께서 갈릴리에 가기로 하셨다. 예수께서 갈릴리에 도착해 빌립과 마주치셨다. 예수께서 말씀하셨다. "가자. 나를 따라오너라." (빌립의 고향은 벳세다였다. 그곳은 안드레와 베드로의 고향이기도 했다.)

45-46 빌립이 가서 나다나엘을 만나 이렇게 말했다. "모세가 율법에 기록하고 예언자들이 전해 준 그분을, 우리가 만났습니다. 그분은 요셉의 아들 예수라는 분인데, 나사렛에서 오셨어요!" 나다나엘이 말했다. "나사렛이라고요? 설마 농담이겠지요."

그러나 빌립은 이렇게 말했다. "와서 직접 보세요."

47 예수께서 나다나엘이 오는 것을 보시고 말씀하셨다. "저 사람은 참된 이스라엘 사람이다. 그에게는 거짓된 구석이 하나도 없다."

48 나다나엘이 말했다. "어떻게 그런 생각을 하셨습니까? 저를 모르시지 않습니까?"

예수께서 대답하셨다. "빌립이 너를 이곳으로 부르기 오래전에, 네가 무화과나무 아래 있는 것을 보았다."

49 나다나엘이 큰소리로 말했다. "랍비님! 선생님은 하나님의 아들이시며, 이스라엘의 왕이십니다!"

⁵⁰⁻⁵¹ 예수께서 말씀하셨다. "네가 무화과나무 아래 앉아 있는 것을 내가 보았다고 해서 믿는 것이냐? 그것은 아무것도 아니다! 이 일이 끝나기 전에, 너희는 하늘이 열리고 하나님의 천사들이 인자 위에 오르내리는 것을 보게 될 것이다."

물로 포도주를 만드시다

2 ¹⁻³ 사흘 후에 갈릴리 가나 마을에서 결혼식이 있었다. 예수의 어머니가 그곳에 있었고, 예수와 제자들도 거기에 손님으로 있었다. 결혼잔치에 포도주가 떨어져 가자, 예수의 어머니가 예수께 말했다. "포도주가 거의 바닥났구나."

⁴ 예수께서 말씀하셨다. "어머니, 그것이 어머니와 내가 관여할 일입니까? 지금은 나의 때가 아닙니다. 재촉하지 마십시오."

⁵ 예수의 어머니가 지체 없이 종들에게 말했다. "그가 시키는 대로 무엇이든 하여라."

⁶⁻⁷ 거기에는 유대인들이 정결예식에 쓰는 물 항아리가 여섯 개 놓여 있었다. 항아리는 각각 75에서 110리터 정도가 들어가는 크기였다. 예수께서 종들에게 지시하셨다. "항아리에 물을 가득 채워라." 그러자 그들은 항아리가 넘치도록 물을 가득 채웠다.

⁸ 예수께서 "이제 주전자에 가득 담아 잔치를 맡은 자에게 가져다주어라" 하고 말씀하셨다. 종들은 그대로 했다.

9-10 잔치를 맡은 자가 물이 변하여 된 포도주를 맛보고서, 큰소리로 신랑을 불러 말했다. (그는 방금 무슨 일이 일어났는지 몰랐지만, 종들은 알고 있었다.) "내가 알기로는, 누구나 처음에 가장 맛좋은 포도주를 내놓다가 손님들이 잔뜩 마신 뒤에는 싸구려를 내놓는데, 그대는 지금까지 가장 좋은 포도주를 남겨 두었구려!"

11 갈릴리 가나에서 행하신 이 일은 예수께서 보여주신 첫 번째 표적이었고, 처음으로 자신의 영광을 나타내신 것이었다. 그분의 제자들이 예수를 믿게 되었다.

12 이 일이 있고 나서, 예수께서는 어머니와 형제와 제자들과 함께 가버나움으로 내려가 며칠을 지내셨다.

성전을 깨끗하게 하시다

13-14 유대인들이 매년 봄에 지키는 유월절이 막 시작될 무렵, 예수께서 예루살렘으로 올라가셨다. 예수께서는 성전이 소와 양과 비둘기를 파는 사람들로 북적대는 것을 보셨다. 고리대금업자들도 거기서 마음껏 활개를 치고 있었다.

15-17 예수께서 가죽 끈으로 채찍을 만들어서 그들을 성전에서 쫓아내셨다. 양과 소를 몰아내고, 동전을 사방으로 흩어버리시며, 고리대금업자들의 가판대를 뒤엎으셨다. 예수께서 비둘기 상인들에게 이렇게 말씀하셨다. "여기에서 너희 물건을 치워라! 내 아버지 집을 쇼핑몰로 만드는 짓은 그만두어라!" 그 순간, 제자들은 "당신의 집을 향한 열심이 나를

삼킵니다"라고 한 성경 말씀을 기억했다.

18-19 그러나 유대인들은 불쾌한 마음에 이렇게 물었다. "당신이 하는 이 일이 옳다고 입증해 줄 신임장을 제시할 수 있겠소?" 예수께서 대답하셨다. "이 성전을 헐어라. 그러면 내가 사흘 만에 다시 짓겠다."

20-22 그들은 분개하며 말했다. "이 성전을 짓는 데 사십육 년이 걸렸는데, 당신이 사흘 만에 다시 짓겠다는 거요?" 그러나 예수께서 성전이라고 하신 것은, 자신의 몸을 두고 하신 말씀이었다. 나중에 예수께서 죽은 자들 가운데서 살아나신 뒤에야, 제자들은 그분이 그렇게 말씀하신 것을 기억해 냈다. 그때에야 제자들은 비로소 올바른 결론을 내릴 수 있었다. 성경에 기록된 말씀과 예수께서 하신 말씀을 모두 믿게 된 것이다.

23-25 예수께서 예루살렘에 계시는 유월절 기간 동안, 많은 사람들이 그분이 나타내시는 표적을 보았다. 그리고 그 표적이 하나님을 가리킨다는 것을 알고는, 자신들의 삶을 예수께 맡겼다. 그러나 예수께서는 자신의 삶을 그들에게 맡기지 않으셨다. 예수께서는 그들을 속속들이 아셨고, 그들이 신뢰할 수 없는 사람들인 것도 알고 계셨다. 예수께서는 아무런 도움 없이도 그들을 훤히 꿰뚫어 보고 계셨던 것이다.

니고데모와의 대화

3 ¹⁻² 바리새파 사람 가운데 니고데모라는 사람이 있었다. 그는 유대인들 사이에서 유력한 지도자였다. 하루는 그가 밤늦게 예수를 찾아와서 말했다. "랍비님, 우리 모두는 선생님이 하나님께로부터 직접 오신 분이라는 것을 알고 있습니다. 하나님이 관여하지 않으시면, 아무도 선생님이 하시는 일, 곧 하나님을 가리켜 보이고 하나님을 계시하는 일을 할 수 없습니다."

³ 예수께서 말씀하셨다. "네 말이 정말 맞다. 내가 하는 말을 믿어라. 사람이 위로부터 태어나지 않으면, 내가 가리키는 하나님 나라를 볼 수 없다."

⁴ 니고데모가 말했다. "이미 태어나서 다 자란 사람이 어떻게 다시 태어날 수 있겠습니까? 어머니 배에 들어가서 다시 태어날 수는 없습니다. '위로부터 태어난다'고 하신 말씀이 도대체 무슨 뜻입니까?"

⁵⁻⁶ 예수께서 말씀하셨다. "너는 귀 기울여 듣지 않는구나. 다시 말해 주겠다. 사람은 누구나 근본적인 창조 과정을 거쳐야 한다. '태초에 수면 위를 운행하시던 성령'을 통한 창조, 보이는 세계를 움직이는 보이지 않는 세계, 새로운 생명으로 들어가게 이끄는 세례, 이 과정들이 없으면 하나님 나라에 들어갈 수 없다. 아기를 예로 들어 설명하겠다. 태어난 아기는 다만 네가 볼 수 있고 만질 수 있는 몸만 가지고 있을 뿐이다. 그러나 그 몸 안에 형성되는 인격은 네가 절대

볼 수도 없고 만질 수도 없는 것—성령—으로 빚어져 살아
있는 영이 되는 것이다. 바로 이러한 과정을 말하는 것이다.
7-8 그러니 너는 '위로부터 태어나야 한다'는 말, 곧 이 세상
의 가치로부터 떠나야 한다는 내 말에 놀라지 마라. 너는 바
람이 부는 방향을 예측할 수 없다는 것을 잘 알 것이다. 너
는 나무 사이를 스치는 바람의 소리는 듣지만, 그 바람이 어
디서 와서 어디로 가는지는 모른다. 하나님의 바람, 곧 하나
님의 영을 힘입어 '위로부터 태어난' 사람도 다 그와 같다."
9 니고데모가 물었다. "그 말이 무슨 뜻입니까? 어떻게 그런
일이 일어날 수 있습니까?"
10-12 예수께서 대답하셨다. "너는 이스라엘의 존경받는 선
생이면서, 이런 기본적인 것도 모르느냐? 잘 들어라. 진리
를 있는 그대로 일러 주겠다. 나는 경험으로 아는 것만 말한
다. 나는 내 두 눈으로 본 것만 증언한다. 얻어들은 말이나
전해 들은 말은 하나도 없다. 그러나 너는 증거를 직면해서
받아들이기는커녕 이런저런 질문으로 꾸물거리고 있구나.
손바닥 보듯 뻔한 사실을 말해도 네가 믿지 않는데, 네가 보
지 못하는 하나님의 일을 내가 말해 봐야 무슨 소용이 있겠
느냐?
13-15 하나님 앞에서 내려온 이, 곧 인자밖에는 아무도 하나
님 앞으로 올라간 이가 없다. 모세가 광야에서 뱀을 들어 백
성에게 보고 믿게 한 것과 마찬가지로, 인자도 들려야 한다.
그러면 그를 바라보는 사람, 그를 믿고 기다리는 사람마다

참된 생명, 영원한 생명을 얻게 될 것이다.

16-18 하나님께서 이 세상을 얼마나 사랑하셨는지, 그분은 하나뿐인 아들을 우리에게 주셨다. 그것은 아무도 멸망하지 않고, 그를 믿는 사람은 누구나 온전하고 영원한 생명을 얻게 하시려는 것이다. 하나님께서 고통을 무릅쓰고 자기 아들을 보내신 것은, 세상을 정죄하고 손가락질해서 세상이 얼마나 악한지 일러 주시려는 것이 아니다. 아들이 온 것은, 세상을 구원하고 다시 바로잡으려는 것이다. 누구든지 아들을 신뢰하는 사람은 죄를 용서받지만, 아들을 신뢰하지 않는 사람은 이미 오래전에 사형선고를 받았으면서도 그것을 모르는 사람이다. 하나뿐인 하나님의 아들을 알고도 그가 믿지 않았기 때문이다.

19-21 너희가 처한 위기 상황은 이러하다. 빛이신 하나님께서 세상 안으로 들어오셨지만, 사람들은 어둠을 찾아 달아났다. 그들이 어둠을 찾아 달아난 것은, 하나님을 기쁘시게 해드리는 일에 관심이 없었기 때문이다. 악행을 일삼고 부정과 망상에 사로잡힌 사람은 누구나 빛이신 하나님을 싫어해서, 그 빛에 가까이 가려고 하지 않는다. 자기 행위가 드러날까 괴롭고 두렵기 때문이다. 그러나 진리와 실체 안에서 일하고 살아가는 사람은 빛이신 하나님을 맞아들인다. 그것은 자기 행위가 하나님의 일을 위한 것이었음을 드러내려는 것이다."

그분 앞서 준비하는 사람

²²⁻²⁶ 이 대화를 마치고, 예수께서 제자들과 함께 유대로 가
셔서 그들과 함께 휴식을 취하셨다. 예수께서는 세례도 주
셨다. 같은 때에 요한은 살렘 근처에 있는 애논에서 세례를
주고 있었는데, 애논은 물이 풍부한 곳이었다. 이때는 아직
요한이 감옥에 갇히기 전이었다. 요한의 제자들이 세례의
본질을 두고 유대 지도자들과 논쟁을 벌였다. 제자들이 요
한에게 가서 말했다. "랍비님, 요단 강 건너편에서 선생님
과 함께 있던 분을 아시지요? 선생님께서 증언하고 인정해
주신 분 말입니다. 그분이 이제는 우리와 경쟁하고 있습니
다. 그분도 세례를 주고 있는데, 사람들이 우리에게로 오지
않고 다 그분에게로 갑니다."

²⁷⁻²⁹ 요한이 대답했다. "사람이 하늘의 도움 없이는 성공할
수 없다. (나는 지금 영원한 성공을 말하는 것이다.) 나는 메시
아가 아니다. 나는 그분보다 앞서 보냄받아서 그분을 준비
하는 사람에 불과하다. 내가 이것을 공개적으로 말할 때에
너희도 그 자리에 나와 함께 있었다. 신부를 얻는 이는 당
연히 신랑이다. 그리고 들러리가 되어 신랑 곁에서 그가 하
는 말을 모두 듣는 신랑의 친구는 참으로 행복하다. 내가
바로 그 사람이다. 이제 결혼식이 끝나고 행복한 결혼생활
이 시작될 것을 잘 아는 신랑의 친구가 어떻게 질투할 수
있겠느냐?

²⁹⁻³⁰ 그래서 내 잔이 넘쳐흐르는 것이다. 지금은 그분이 중앙

무대로 나오시고, 나는 가장자리로 비켜나야 할 순간이다.

31-33 위로부터 오시는 그분이야말로 하나님께서 보내신 다른 어떤 심부름꾼보다 뛰어나신 분이다. 땅에서 난 자는 땅에 매여서 땅의 언어로 말하지만, 하늘에서 나신 분은 우리와 차원이 다르다. 그분은 하늘에서 직접 보고 들은 것을 증거로 제시하신다. 하지만 아무도 그 같은 사실에 관심을 두지 않는다. 그러나 그 증거를 면밀히 살펴보는 사람은, 하나님이 곧 진리라는 사실에 자기 목숨을 걸게 된다.

34-36 하나님께서 보내신 그분은 하나님의 말씀을 전한다. 하나님께서 성령을 조금씩 나누어 주신다고 생각하지 마라. 아버지는 아들을 한량없이 사랑하신다. 아버지는 아들에게 모든 것을 맡기셔서, 아들로 하여금 그 선물을 아낌없이 나눠 주게 하셨다. 그래서 아들을 받아들이고 신뢰하는 사람은 누구나 그 모든 것, 곧 온전하고 영원한 생명에 참여하게 된다! 어둠 속에 있어 아들을 신뢰하지 않고 외면하는 사람이 생명을 보지 못하는 것도 그 때문이다. 그가 하나님에 대해 경험하는 것이라고는 온통 어둠, 지독한 어둠뿐이다."

우물가의 여인

4 1-3 예수께서 바리새인들이 자신과 요한이 세례를 준 횟수를 세고 있다는 것을 아셨다. (실제로 세례를 준 것은 예수가 아니라 그분의 제자들이었다.) 바리새인들은 예수

가 앞섰다고 점수를 발표하여, 그분과 요한이 경쟁하는 것으로 사람들의 눈에 보이게 했다. 그래서 예수께서 유대를 떠나 다시 갈릴리로 가셨다.

4-6 갈릴리로 가려면, 사마리아를 가로질러 가야 했다. 예수께서 사마리아의 수가라 하는 마을에 이르셨다. 수가는 야곱이 자기 아들 요셉에게 준 땅과 맞닿아 있었는데, 야곱의 우물이 아직 거기 있었다. 여행으로 지친 예수께서 우물가에 앉으셨다. 때는 정오 무렵이었다.

7-8 한 사마리아 여자가 물을 길으러 나왔다. 예수께서 그 여자에게 말씀하셨다. "나에게 물 한 모금 줄 수 있겠느냐?" (제자들은 점심거리를 사러 마을에 가고 없었다.)

9 사마리아 여자가 당황해 하며 물었다. "당신은 유대인이면서 어떻게 사마리아 여자인 나에게 물을 달라고 하십니까?" (당시에 유대인들은 사마리아 사람들과 절대로 말을 나누려 하지 않았다.)

10 예수께서 대답하셨다. "네가 하나님의 후하심을 알고 내가 누구인지 알았더라면 내게 마실 물을 달라고 했을 것이고, 나는 네게 시원한 생수를 주었을 것이다."

11-12 그러자 여자가 말했다. "선생님, 선생님께는 물 긷는 두레박도 없고, 또 이 우물은 깊습니다. 그런데 어떻게 생수를 주시겠다는 말입니까? 선생님이 우리 조상 야곱보다 더 뛰어난 분이라는 말입니까? 그는 이 우물을 파서, 자신은 물론이고 자기 아들들과 가축들까지 이 물에서 마시게 했고,

우리에게 물려주기까지 했습니다.”

13-14 예수께서 말씀하셨다. “이 물을 마시는 사람은 누구나 다시 목마를 것이다. 그러나 내가 주는 물을 마시는 사람은 다시는 목마르지 않을 것이다. 내가 주는 물은, 그 사람 속에서 솟구쳐 오르는 영원한 생명의 샘이 될 것이다.”

15 여자가 말했다. “선생님, 내게 그 물을 주셔서 내가 다시는 목마르지 않게 해주시고, 이 우물을 다시 찾는 일이 없게 해주십시오!”

16 예수께서 말씀하셨다. “가서 네 남편을 불러서 다시 오너라.”

17-18 “나는 남편이 없습니다” 하고 여자가 대답했다.

“‘남편이 없다’고 한 네 말이 맞다. 너는 남편이 다섯이나 있었고, 지금 함께 사는 남자도 네 남편이 아니다. 그러니 네 말이 맞다.”

19-20 “이제 보니 선생님은 예언자이십니다! 그렇다면 이것을 좀 말해 주십시오. 우리 조상들은 이 산에서 하나님께 예배드렸습니다. 하지만 선생님 같은 유대인들은 예루살렘이 유일한 예배 장소라고 주장합니다. 그렇지요?”

21-23 “여자여, 내 말을 믿어라. 너희 사마리아 사람들이 이 산도 아니고 예루살렘도 아닌 곳에서 아버지께 예배드릴 때가 온다. 너희는 어둠 속에서 확신 없는 예배를 드리지만, 우리 유대인들은 밝은 대낮에 확신에 가득 찬 예배를 드린다. 하나님의 구원의 길은 유대인들을 통해 열린다. 그러나

너희가 어떤 이름으로 불리고 어디서 예배드리는지는 중요
하지 않게 될 때가 온다. 사실은 그때가 이미 왔다.

²³⁻²⁴ 하나님 앞에서 중요한 것은, 너희가 어떤 사람이며 어
떻게 사느냐 하는 것이다. 너희가 드리는 예배는, 너희 영으
로 진리를 추구하는 예배여야 한다. 아버지께서는 바로 그
런 사람, 곧 그분 앞에 단순하고 정직하게 있는 모습 그대로
예배드리는 사람들을 찾으신다. 하나님은 순전한 존재 그
자체, 곧 영이시다. 그러므로 하나님께 예배드리는 사람은,
자신의 존재와 자신의 영과 자신의 참된 마음으로 예배드려
야 한다."

²⁵ 여자가 말했다. "그것은 잘 모르겠습니다만, 메시아가 오
신다는 것은 압니다. 그분이 오시면, 이 모든 것의 전말을
알게 되겠지요."

²⁶ 예수께서 말씀하셨다. "내가 바로 그다. 너는 더 이상 기
다리거나 찾지 않아도 된다."

²⁷ 바로 그때 제자들이 돌아왔다. 제자들은 크게 놀랐다. 예
수께서 그런 여자와 이야기를 나누리라고는 생각지도 못했
기 때문이다. 제자들 가운데 아무도 자신의 생각을 말하지
않았지만, 그들의 얼굴에 다 드러나 있었다.

²⁸⁻³⁰ 여자는 눈치를 채고 자리를 떴다. 어찌나 당황했던지
물동이까지 두고 갔다. 여자는 마을로 돌아가서 사람들에게
말했다. "내가 한 일을 다 알고 있는 사람이 있습니다. 와 보
세요. 그분은 나를 속속들이 아십니다. 혹시 그분이 메시아

가 아닐까요?" 그래서 그들은 예수를 직접 보러 나갔다.

추수할 때가 되었다

31 그 사이에, 제자들이 예수께 음식을 권했다. "랍비님, 드십시오. 안 드시겠습니까?"

32 예수께서 제자들에게 말씀하셨다. "나에게는 너희가 알지 못하는 음식이 있다."

33 제자들은 "누가 그분께 먹을 것을 가져다 드리기라도 한 걸까?" 하고 어리둥절해 했다.

34-35 예수께서 말씀하셨다. "나를 살게 하는 음식은, 나를 보내신 분의 뜻을 행하고 그분이 시작하신 일을 마무리 짓는 것이다. 지금 너희가 주위를 둘러본다면, 넉 달쯤 지나야 추수할 때가 되겠다고 말하지 않겠느냐? 내가 너희에게 말한다. 눈을 떠서 눈앞에 무엇이 있는지 똑똑히 보아라. 이 사마리아 밭들은 곡식이 무르익었다. 추수할 때가 된 것이다!

36-38 추수하는 사람은 기다리는 법이 없다. 그는 자기 삯을 받고, 영원한 생명을 위해 무르익은 곡식을 거두어들인다. 이제 씨 뿌리는 사람과 추수하는 사람이 서로 어깨동무를 하고 기뻐하게 되었구나. '한 사람은 씨를 뿌리고, 다른 사람은 거두어들인다'는 말이 과연 맞는 말이다. 나는 너희가 일구지 않은 밭으로 너희를 보내 추수하게 했다. 너희는 손가락 하나 보탠 것 없이, 다른 사람들이 오랫동안 힘써 일궈 놓은 밭에 걸어 들어간 것이다."

³⁹⁻⁴² 마을에서 온 많은 사마리아 사람들이 예수께 자신의 삶을 맡겼다. "그분은 내가 한 일을 다 아십니다. 나를 속속들이 아십니다!"라고 말한 여자의 증언 때문이었다. 그들은 예수께 좀 더 머물러 주기를 청했고, 예수께서는 이틀을 더 머무셨다. 더 많은 사람들이 예수의 말씀을 듣고 자신의 삶을 그분께 의탁했다. 사람들이 여자에게 말했다. "이제 우리는 당신의 말 때문에 믿는 것이 아니오. 우리가 직접 듣고, 확실히 알게 되었소. 그분은 세상의 구주이십니다."

❧

⁴³⁻⁴⁵ 이틀 후에 예수께서 갈릴리로 떠나셨다. 예수께서는 예언자가 자기가 자란 곳에서는 존경받지 못한다는 것을 경험으로 잘 알고 계셨다. 예수께서 갈릴리에 도착하셨을 때, 갈릴리 사람들이 그분을 반겼다. 그러나 그것은 그들이 유월절 기간 동안 예수께서 예루살렘에서 행하신 일에 감동을 받았기 때문이지, 그분이 누구시며 장차 무슨 일을 하시려는지 정말로 알았기 때문은 아니었다.

⁴⁶⁻⁴⁸ 예수께서 전에 물로 포도주를 만드셨던 갈릴리 가나로 다시 가셨다. 한편, 가버나움에 왕실 관리 한 사람이 있었는데, 그의 아들이 병을 앓고 있었다. 그는 예수께서 유대를 떠나 갈릴리로 오셨다는 소식을 듣고서 그분을 찾아가, 가버나움으로 내려가서 죽기 직전에 있는 자기 아들을 고쳐 달라고 그분께 간절히 청했다. 예수께서 그의 말을 피하시

며 이렇게 말씀하셨다. "기적을 보고 압도되지 않으면 너희
는 믿으려 하지 않는다."

⁴⁹ 그러나 그 관리는 물러서지 않았다. "함께 가 주십시오!
제 아들의 생사가 달린 일입니다."

⁵⁰⁻⁵¹ 예수께서는 그저 "집으로 가거라. 네 아들이 살아났다"
고만 대답하셨다.

그 사람은 예수께서 하신 말씀을 그대로 믿고 집으로 향했
다. 그가 돌아가고 있는데, 종들이 중간에서 그를 붙잡고는
소식을 전했다. "아드님이 살아났습니다!"

⁵²⁻⁵³ 그 사람이 자기 아들이 언제 낫기 시작했는지를 묻자,
종들이 대답했다. "어제 오후 한 시쯤에 열이 내렸습니다."
그 아버지는 그때가 바로, 예수께서 "네 아들이 살아났다"
고 말씀하신 때라는 것을 알았다.

⁵³⁻⁵⁴ 그 일로 결론이 났다. 그 관리뿐 아니라 온 가족이 다
믿게 된 것이다. 이것은 예수께서 유대를 떠나 갈릴리로 오
신 뒤에 보여주신 두 번째 표적이다.

삼십팔 년 된 병자를 고치시다

5 ¹⁻⁶ 곧이어 또 다른 명절이 다가오자 예수께서 다시
예루살렘으로 가셨다. 예루살렘의 양의 문 근처에
히브리 말로 베데스다라 하는 연못이 있었고, 그 연못에 회
랑 다섯 채가 딸려 있었다. 그 회랑에는 눈먼 사람, 다리를
저는 사람, 중풍병자같이 몸이 아픈 사람들이 수백 명 있었

다. 거기에 삼십팔 년 동안 앓고 있던 한 남자가 있었다. 예수께서 그가 연못가에 누워 있는 것을 보시고, 또 그가 그곳에 얼마나 오래 있었는지를 아시고 말씀하셨다. "네가 낫기를 원하느냐?"

⁷ 그 남자가 말했다. "선생님, 물이 움직일 때 저를 연못에 넣어 줄 사람이 없습니다. 제가 연못에 닿을 즈음이면, 이미 다른 사람이 들어가 있습니다."

⁸⁻⁹ 예수께서 말씀하셨다. "일어나서 네 자리를 들고 걸어가거라." 그러자 그가 곧바로 나았다. 그는 자기 자리를 들고 걸어갔다.

⁹⁻¹⁰ 마침 그날은 안식일이었다. 유대인들이 그 나은 사람을 막아서며 말했다. "오늘은 안식일이오. 자리를 들고 다녀서는 안되오. 그것은 규정을 위반하는 일이오."

¹¹ 그러자 그가 그들에게 말했다. "나를 낫게 해준 분이 내게 자리를 들고 걸어가라고 말씀하셨소."

¹²⁻¹³ 그들이 물었다. "당신에게 자리를 들고 걸어가라고 한 사람이 누구요?" 그러나 그 나은 사람은 그분이 누구인지 알지 못했다. 예수께서 어느새 무리 속으로 몸을 숨기셨기 때문이었다.

¹⁴ 얼마 후에 예수께서 성전에서 그 사람을 만나자 이렇게 말씀하셨다. "아주 좋아 보이는구나! 너는 건강해졌다! 죄 짓는 삶으로 되돌아가지 마라. 만일 되돌아가면, 더 심한 일이 일어날 수 있다."

¹⁵⁻¹⁶ 그 사람이 돌아가서, 자기를 낫게 해준 이가 예수라고 유대인들에게 말했다. 그러자 유대인들은 예수께서 안식일에 그 같은 일을 했다는 이유로 그분을 잡으려고 했다.

¹⁷ 그러나 예수께서는 스스로를 변호하시며 이렇게 말씀하셨다. "내 아버지께서 안식일에도 쉬지 않고 일하신다. 그러니 나도 일한다."

¹⁸ 그 말에 유대인들이 격분했다. 이제 그들은 예수를 공개적으로 공격하는 것에 머물지 않고, 그분을 죽이려고 했다. 예수께서 안식일을 어겼을 뿐 아니라, 하나님을 자기 아버지라고 부르면서 하나님과 자신을 동등한 자리에 두었기 때문이다.

오직 아버지의 말씀대로

¹⁹⁻²⁰ 그래서 예수께서 자신에 대해 길게 설명하셨다. "내가 너희에게 사실 그대로 말하겠다. 아들은 무슨 일이든지 자기 마음대로 하지 않고 아버지에게서 본 대로만 한다. 아버지께서 하시는 일을 아들도 한다. 아버지는 아들을 사랑하셔서, 자신이 하는 모든 일에 아들도 참여하게 하신다.

²⁰⁻²³ 그러나 너희가 본 것은 일부에 지나지 않는다. 아버지께서 죽은 사람들을 다시 살리시고 생명을 창조하시는 것처럼, 아들도 그 일을 하기 때문이다. 아들은 자기가 택한 사람 누구에게나 생명을 준다. 아들과 아버지는 그 누구도 내쫓지 않는다. 아버지는 심판할 모든 권한을 아들에게 넘겨

주셔서, 아들도 아버지와 똑같이 영광을 받게 하셨다. 아들에게 영광을 돌리지 않는 사람은 아버지께도 영광을 돌리지 않는 것이다. 아들을 영광의 자리에 앉히신 것이 아버지의 결정이기 때문이다.

²⁴ 너희가 반드시 귀 기울여 들어야 할 말이 있다. 누구든지 지금 내가 하는 말을 믿고 나에게 책임을 맡기신 아버지와 한편에 서는 사람은, 지금 이 순간 참되고 영원한 생명을 얻고 더 이상 정죄받지 않는다. 그는 죽은 사람의 세계에서 산 사람의 세계로 과감히 옮겨 온 것이다.

²⁵⁻²⁷ 너희가 반드시 알아 두어야 할 것이 있다. 죽은 자들이 하나님 아들의 음성을 듣고 살아날 때가 왔다. 지금이 바로 그때다! 아버지 안에 생명이 있는 것처럼, 아버지께서는 아들 안에도 생명을 주셨다. 또한 아버지께서는, 그가 인자이기 때문에 그에게 심판의 문제를 결정하고 시행할 권한을 주셨다.

²⁸⁻²⁹ 이 모든 말에 그렇게 놀랄 것 없다. 죽어서 땅에 묻힌 모든 사람들이 그의 음성을 들을 때가 온다. 바른 길을 따라서 산 사람들은 부활 생명으로 들어가고, 그릇된 길을 따라서 산 사람들은 부활 심판으로 들어갈 것이다.

³⁰⁻³³ 나는 단 하나도 내 마음대로 할 수 없다. 나는 먼저 귀 기울여 듣고, 그런 다음 결정할 뿐이다. 너희는 내 결정을 신뢰해도 좋다. 내가 내 마음대로 하지 않고, 오직 지시받은 대로 하기 때문이다. 내가 내 자신을 위해 말한다면, 그

증언은 헛될 뿐 아니라 나의 이익을 위한 것이 되고 말 것이다. 그러나 나를 증언해 주시는 분은 따로 계신다. 그분은 모든 증인 가운데 가장 믿을 만한 증인이시다. 게다가, 너희 모두는 요한을 보았고 그의 말을 들었다. 그가 나에 관해 전문적이고 믿을 만한 증언을 해주지 않았느냐?

34-38 그러나 내가 너희의 지지를 얻으려고 하거나 한낱 사람의 증언에 호소하려는 것은 아니다. 내가 이렇게 말하는 것은, 너희로 구원을 얻게 하려는 것이다. 요한은 밝게 타오르는 햇불이었고, 너희는 한동안 그의 밝은 빛 속에서 기쁘게 춤을 추었다. 그러나 참으로 나를 증거하는 증언, 요한의 증언보다 훨씬 뛰어난 증언이 있다. 아버지께서 나에게 이루라고 맡겨 주신 일이 바로 그것이다. 내가 이루려고 하는 이 일이 아버지께서 실제로 나를 보내셨다는 것을 증언해 준다. 또한 나를 보내신 아버지께서도 나를 증언해 주셨다. 그러나 너희는 이 점을 놓치고 말았다. 너희는 그분의 음성을 들은 적도 없고, 그분의 모습을 뵌 적도 없다. 너희의 기억 속에 그분의 메시지가 하나도 남아 있지 않은 것은, 너희가 그분의 심부름꾼을 진정으로 받아들이지 않았기 때문이다."

❧

39-40 "너희는 영원한 생명을 얻을 수 있으리라는 생각에 늘 성경에 파묻혀 지낸다. 그러나 너희는 나무를 보느라 숲을 놓치고 있다. 이 성경 전체가 나에 관해 기록된 것이다! 그런데 내

가 너희 앞에 이렇게 서 있는데도, 너희는 생명을 원한다고 하면서 정작 나에게서 그 생명을 받으려고 하지 않는다.

⁴¹⁻⁴⁴ 나는 사람들의 인정을 받는 데는 관심이 없다. 왜 그런지 아느냐? 내가 너희와 너희 무리를 잘 알기 때문이다. 나는 너희의 행사 일정에 사랑이 없다는 것을, 무엇보다 하나님의 사랑이 없다는 것을 안다. 내가 내 아버지의 권한을 가지고 왔으나, 너희는 나를 쫓아내거나 피하기만 한다. 만일 다른 누군가가 으스대며 왔다면, 너희는 두 팔 벌려 그를 맞았을 것이다. 너희가 서로 자리다툼을 벌이고, 경쟁자들보다 상석에 앉으려 하고, 하나님을 무시하는 데 시간을 다 허비하면서, 어떻게 하나님과 함께하는 곳에 이르기를 기대하느냐?

⁴⁵⁻⁴⁷ 그러나 내가 내 아버지 앞에서 너희를 고발할 것이라고는 생각하지 마라. 너희를 고발할 이는 너희가 그토록 의지하는 모세다. 너희가 모세의 말을 진실로 믿었더라면 나를 믿었을 것이다. 그가 기록한 것이 나를 두고 한 것이기 때문이다. 너희가 그의 기록도 진정으로 받아들이지 않는데, 어떻게 내 말을 진정으로 받아들일 것이라고 기대할 수 있겠느냐?"

보리빵 다섯 개와 물고기 두 마리

6 ¹⁻⁴ 이 일 후에, 예수께서 갈릴리(디베랴라고도 하는) 바다 건너편으로 가셨다. 큰 무리가 그분을 따라갔다. 그것은 그들이 예수께서 병자들에게 행하신 기적을 보고 거기에 매료되었기 때문이었다. 건너편에 이르자 예수

께서 언덕에 올라가 앉으셨고, 제자들은 그분 주위에 둘러
앉았다. 마침 유대인들이 해마다 지키는 유월절이 다가오고
있었다.

5-6 예수께서 눈을 들어 큰 무리가 와 있는 것을 보시고, 빌
립에게 말씀하셨다. "우리가 어디에서 빵을 사서 이 사람들
을 먹일 수 있겠느냐?" 이렇게 말씀하신 것은 빌립의 믿음
을 자라게 하기 위해서였다. 예수께서는 자신이 할 일을 이
미 알고 계셨다.

7 빌립이 대답했다. "각 사람에게 빵 한 조각이라도 돌아가
게 하려면 은화 이백 개로도 모자라겠습니다."

8-9 제자들 가운데 한 사람인 시몬 베드로의 동생 안드레가
말했다. "여기 한 아이가 보리빵 다섯 개와 물고기 두 마리
를 가지고 있습니다. 하지만 이 많은 사람들을 먹이기에는
턱없이 부족한 양입니다."

10-11 예수께서 말씀하셨다. "사람들을 앉게 하여라." 그곳에
는 푸른 풀밭이 멋진 카펫처럼 깔려 있었다. 사람들이 자리
를 잡고 앉으니 오천 명 정도 되었다. 예수께서 빵을 들어
감사를 드리고, 앉아 있는 사람들에게 나눠 주셨다. 그리고
물고기를 가지고도 그와 같이 하셨다. 모두가 원하는 만큼
실컷 먹었다.

12-13 사람들이 배불리 먹고 나자, 예수께서 제자들에게 말
씀하셨다. "버리는 것이 없도록 남은 것을 다 모아라." 제자
들이 모으고 보니, 보리빵 다섯 개로 먹고 남은 것이 커다란

열두 바구니에 가득 찼다.

14-15 사람들은 예수께서 행하신 이 일로 인해 하나님께서 자기들 가운데서 일하고 계심을 알았다. 그들은 말했다. "이분은 분명 그 예언자다. 하나님의 예언자가 바로 이곳 갈릴리에 오신 것이다!" 예수께서는 열광한 그들이 자기를 붙들어다가 왕으로 삼으려는 것을 아시고, 그 자리를 빠져나와 다시 산으로 올라가서 혼자 계셨다.

16-21 저녁때가 되자, 제자들이 바닷가로 내려가 배를 타고 바다 건너편 가버나움으로 향했다. 날이 아주 저물었는데, 예수께서는 아직 돌아오지 않으셨다. 큰 바람이 불어 바다에 거센 물결이 일었다. 제자들이 4, 5킬로미터쯤 갔을 때, 예수께서 바다 위를 걸어 배 가까이 다가오시는 모습이 보였다. 제자들이 소스라치게 놀라자, 예수께서 그들을 안심시키며 말씀하셨다. "나다. 괜찮으니 두려워 마라." 그러자 제자들이 예수를 배 안으로 모셨다. 어느새 그들은 자신들이 가려고 했던 지점에 정확히 이르렀다.

22-24 이튿날, 뒤에 남은 무리는 배가 한 척밖에 없던 것과, 예수께서 그 배에 제자들과 함께 타지 않으신 것을 알았다. 그분을 두고 제자들만 떠나는 것을 그들이 보았기 때문이다. 그때에 디베랴에서 온 배들이 주님께서 축복하고 빵을 먹여 주신 곳 근처에 정박해 있었다. 무리는 예수께서 그곳을 떠나 돌아오시지 않을 것을 알고는, 디베랴에서 온 배들로 몰려가 올라타고서 예수를 찾아 가버나움으로 향했다.

²⁵ 그들이 바다 건너편에서 그분을 다시 뵙고는 말했다. "랍비님, 언제 여기로 오셨습니까?"

²⁶ 예수께서 대답하셨다. "너희가 나를 찾아온 것은, 내가 하는 일에서 하나님을 보았기 때문이 아니라, 오히려 내가 너희를 배부르게 해주었기 때문이다. 그것도 내가 값없이 먹여 주었기 때문이다."

생명의 빵

²⁷ "너희는 그렇게 썩어 없어질 음식을 얻으려고 힘을 허비하지 마라. 너희와 함께 있을 음식, 너희의 영원한 생명을 살지게 하는 음식, 인자가 주는 음식을 위해 일하여라. 인자와 인자가 하는 일은 하나님 아버지께서 끝까지 보증해 주신다."

²⁸ 그러자 그들이 말했다. "우리가 하나님의 일에 참여하려면 무엇을 해야 합니까?"

²⁹ 예수께서 말씀하셨다. "하나님께서 보내신 이에게 너희 삶을 걸어라. 그렇게 너희 자신을 걸 때에야 하나님의 일에 참여할 수 있다."

³⁰⁻³¹ 그들이 애매한 말로 빗겨 갔다. "선생님이 누구시며 어떤 일을 하시려는지 알 수 있도록, 단서가 될 만한 것을 보여주시면 어떻겠습니까? 그러면 우리가 알아보고 나서 우리 삶을 걸겠습니다. 선생님이 무슨 일을 하실 수 있는지 보여주십시오. 모세는 광야에서 우리 조상들에게 빵을 먹게

해주었습니다. 성경에도 '그가 그들에게 하늘에서 내려온 빵을 먹게 해주었다'고 기록되어 있습니다."

³²⁻³³ 예수께서 대답하셨다. "그 성경 말씀의 진정한 의미는 이렇다. 모세가 너희에게 하늘에서 내려온 빵을 주었다는 것이 아니라, 지금 이 순간에 내 아버지께서 너희에게 하늘에서 내려온 빵, 곧 참된 빵을 주신다는 뜻이다. 하나님의 빵은 하늘에서 내려와 세상에 생명을 준다."

³⁴ 그들이 그 말씀을 듣고 반색하며 말했다. "주님, 그 빵을 지금부터 영원토록 우리에게 주십시오!"

³⁵⁻³⁸ 예수께서 말씀하셨다. "내가 바로 그 **생명의 빵**이다. 나와 한편에 서는 사람은 더 이상 굶주리지도 않고 목마르지도 않을 것이다. 내가 이것을 너희에게 분명히 말한 것은, 너희가 내가 하는 일을 보았으면서도 참으로 나를 믿지 않기 때문이다. 아버지께서 내게 주시는 사람은 결국 다 내게로 달려올 것이다. 그가 나와 함께하면, 내가 그를 붙잡고 놓지 않을 것이다. 내가 하늘에서 내려온 것은, 일시적인 내 기분대로 하려는 것이 아니라, 나를 보내신 분의 뜻을 이루려는 것이다.

³⁹⁻⁴⁰ 나를 보내신 분의 뜻을 간단히 말하면 이렇다. 아버지께서 내게 맡기신 모든 일을 하나도 빠짐없이 이루고, 마지막 날에 만물과 모든 사람을 바르고 온전하게 회복시키는 것이다. 아들을 보고서 그와 그가 하는 일을 신뢰하며 그와 한편에 서는 사람은, 누구든지 참된 생명, 영원한 생명을 얻는다.

이것이 내 아버지께서 원하시는 것이다. 마지막 날에 그들을 일으켜 세워 살리고 온전하게 하는 것이 나의 일이다."

⁴¹⁻⁴² 예수께서 "내가 하늘에서 내려온 빵이다"라고 말씀하신 것 때문에, 유대인들이 그분을 두고 말다툼을 벌였다. "이 사람은 요셉의 아들이 아닌가? 우리가 그의 아버지도 알고, 그의 어머니도 알지 않는가? 그런데 어떻게 그가 '나는 하늘에서 내려왔다'고 말하며, 그 말을 믿어 주기를 바란단 말인가?"

⁴³⁻⁴⁶ 예수께서 말씀하셨다. "나를 두고 너희끼리 논쟁하지 마라. 이 세상의 책임자는 너희가 아니다. 나를 보내신 아버지가 책임자이시다. 아버지께서는 사람들을 내게로 이끌어 주신다. 너희가 내게 올 수 있는 방법은 오직 그 길뿐이다. 그때에야 비로소 나는 사람들을 회복시키고 일으켜 세워, 마지막 날을 준비하게 한다. 예언자들이 '그때가 되면 그들 모두가 하나님께 직접 가르침을 받을 것이다'라고 한 것은 이 일을 두고 한 말이다. 누구든지 시간을 내서 아버지의 말씀을 듣는 사람, 정말로 귀 기울여 듣고 배우는 사람은, 나에게로 와서 직접 가르침을 받는다. 자신의 두 눈으로 보고, 자신의 두 귀로 듣는다. 그것은 내가 아버지께로부터 직접 가르침을 받기 때문이다. 아버지와 함께 있는 이 외에는 아무도 아버지를 본 사람이 없다. 그런데 너희는 나를 볼 수 있다.

⁴⁷⁻⁵¹ 이제 내가 너희에게 가장 중요하고 참된 진리를 말해 주겠다. 누구든지 나를 믿는 사람은 참된 생명, 영원한 생명

을 얻는다. 나는 생명의 빵이다. 너희 조상들은 광야에서 만나라는 빵을 먹고도 죽었다. 그러나 지금 여기에 너희와 함께 있는 빵은 정말로 하늘에서 내려온 빵이다. 누구든지 이 빵을 먹는 사람은 결코 죽지 않을 것이다. 나는 하늘에서 내려온 빵, 생명의 빵이다! 누구든지 이 빵을 먹는 사람은 영원히 살 것이다. 내가 세상에 줄 빵, 세상으로 하여금 먹고 살게 할 빵은 나 자신, 곧 내 살과 피다."

52 이 말을 들은 유대인들이 서로 말다툼을 벌였다. "이 사람이 어떻게 자기 살을 먹을 수 있게 내어준다는 말인가?"

53-58 그러나 예수께서는 조금도 물러서지 않으셨다. "너희가 살과 피, 곧 인자의 살과 피를 먹고 마실 때에야 비로소 너희가 생명을 얻는다. 이 살과 피를 왕성하게 먹고 마시는 사람은 영원한 생명을 얻고, 마지막 날을 맞을 준비가 다 된 것이다. 내 살은 참된 음식이고, 내 피는 참된 음료다. 너희는 내 살을 먹고 내 피를 마심으로 내 안에 들어오고, 나는 너희 안에 들어간다. 온전히 살아 계신 아버지께서 나를 이 세상에 보내셨다. 내가 그분으로 말미암아 사는 것같이, 나를 먹는 사람도 나로 말미암아 살 것이다. 나는 하늘에서 내려온 빵이다. 너희 조상들은 빵을 먹고도 죽었지만, 누구든지 이 빵을 먹는 사람은 영원히 살 것이다."

59 이것은 예수께서 가버나움 회당에서 가르칠 때에 하신 말씀이다.

예수께 인생을 건 사람들

⁶⁰ 예수의 제자들 가운데 많은 사람들이 이 말씀을 듣고 말했다. "이 가르침은 너무 어려워 받아들이기가 힘들다."

⁶¹⁻⁶⁵ 예수께서 제자들이 이 말씀을 두고 힘들어 하는 것을 아시고 말씀하셨다. "내 말이 그렇게도 혼란스러우냐? 인자가 원래 있던 곳으로 올라가는 것을 보게 되면 어찌하겠느냐? 성령만이 생명을 만들어 낼 수 있다. 육신의 근육과 의지력으로는 아무것도 일어나게 할 수 없다. 내가 너희에게 전하는 모든 말은 성령의 말이며, 생명을 만들어 내는 말이다. 그러나 너희 가운데 이 말에 저항하고, 이 말에 관여하지 않으려는 사람들이 있다." (예수께서는 자신에게 인생을 걸지 않을 사람들이 있다는 것을 처음부터 알고 계셨다. 또한 자신을 배반할 자가 누구인지도 알고 계셨다.) 예수께서 계속 말씀하셨다. "그래서 내가 전에, 자기 힘으로는 아무도 내게 올 수 없다고 너희에게 말한 것이다. 너희는 아버지께서 주시는 선물로만 내게 올 수 있다."

⁶⁶⁻⁶⁷ 이 일 후에 제자들 가운데 많은 사람들이 떠나갔다. 그들은 더 이상 그분과 관련되기를 원치 않았다. 그러자 예수께서 열두 제자에게도 기회를 주셨다. "너희도 떠나가려느냐?"

⁶⁸⁻⁶⁹ 베드로가 대답했다. "주님, 참된 생명, 영원한 생명의 말씀이 주님께 있는데, 저희가 누구에게 가겠습니까? 저희는 이미 주님이 하나님의 거룩하신 분임을 확신하며 주님께

인생을 걸었습니다."

70-71 예수께서 대답하셨다. "내가 너희 열둘을 직접 뽑지 않았느냐? 그러나 너희 가운데 한 사람은 마귀다!" 이는 예수께서 시몬 가룟의 아들 유다를 두고 말씀하신 것이다. 열두 제자 가운데 한 사람인 이 자는, 그때 이미 예수를 배반할 준비를 하고 있었다.

7

1-2 그 후에 예수께서 갈릴리에서 일하고 계셨다. 유대인들이 예수를 죽일 기회를 노리고 있었으므로, 그분께서는 유대에서 돌아다니기를 원치 않으셨다. 유대인들이 매년 지키는 명절인 초막절이 다가오고 있었다.

3-5 예수의 형제들이 그분께 말했다. "여기를 떠나 명절을 지키러 올라가서, 형님의 제자들도 형님이 하는 일을 잘 보게 하는 것이 어떻겠습니까? 공개적으로 알려지기를 바라는 사람치고 은밀히 일하는 경우는 없습니다. 형님이 지금 하고 있는 일을 계속하실 마음이면, 밖으로 나가서 세상에 드러내십시오." 예수의 형제들이 그분을 몰아붙인 것은, 그들도 아직 그분을 믿지 않았기 때문이다.

6-8 예수께서 그들에게 대답하셨다. "다그치지 마라. 지금은 나의 때가 아니다. 지금은 너희의 때다. 항상 너희의 때다. 너희는 아무것도 잃을 것이 없다. 세상이 너희에게는 반대하지 않지만, 나에게는 반기를 들고 일어선다. 세상이 나를

대적하는 것은 내가 세상의 겉모습 뒤에 감춰진 악을 폭로하기 때문이다. 너희는 어서 명절을 지키러 올라가거라. 나를 기다릴 것 없다. 나는 준비되지 않았다. 지금은 내 때가 아니다."

9-11 예수께서는 이렇게 말씀하시고 갈릴리에 남아 계셨다. 그러나 가족들이 명절을 지키러 올라간 뒤에, 예수께서도 올라가셨다. 하지만 사람들의 이목을 끌지 않으려고 조심하며 피해 계셨다. 유대인들은 이미 그분을 찾아다니며 "그 사람이 어디 있는가?" 하고 묻고 다녔다.

12-13 예수를 두고 무리 가운데 다투는 말이 떠돌았다. "그분은 선한 사람이오"라고 말하는 사람들도 있었고, "그렇지 않소. 그는 사기꾼일 뿐이오"라고 말하는 사람들도 있었다. 이런 이야기는 위협적인 유대 지도자들 때문에 조심스럽게 수군거림으로만 떠돌았다.

성전에서 가르치시다

14-15 명절이 이미 중반을 지날 무렵, 예수께서 성전에 나타나 가르치셨다. 유대인들은 깊은 인상을 받았으나 당혹스러웠다. "저 사람은 교육받은 것도 아닌데, 어떻게 저토록 아는 것이 많을까?"

16-19 예수께서 말씀하셨다. "이 가르침은 내가 지어낸 것이 아니다. 나의 가르침은 나를 보내신 분에게서 온다. 그분의 뜻을 행하는 사람은 누구나 이 가르침을 시험해 보고, 그것

이 하나님에게서 왔는지 아니면 내가 지어낸 것인지 알 수
있다. 말을 지어내는 사람은 자기를 좋게 보이려고 하지만,
자기를 보내신 분께 영광을 돌리려는 사람은 사실을 있는
그대로 전할 뿐 진실을 조작하지 않는다. 너희에게 하나님
의 율법을 전해 준 이는 모세가 아니냐? 하지만 너희 가운
데는 그 율법대로 살려고 하는 사람이 하나도 없다. 그러면
서 너희는 왜 나를 죽이려고 하느냐?"

²⁰ 무리가 말했다. "당신은 미쳤소! 누가 당신을 죽이려 한
단 말이오? 당신은 귀신 들렸소."

²¹⁻²⁴ 예수께서 말씀하셨다. "몇 달 전에 내가 기적을 한 가지
행한 것을 가지고, 너희는 지금도 둘러서서 화를 내며 내가
하려는 일을 이상하게 여긴다. 모세가 할례를 규정했고―원
래 할례는 모세에게서 온 것이 아니라 그의 조상에게서 온
것이다―그래서 너희는 안식일에도 할례를 주며 몸의 일부
를 처리한다. 너희는 모세의 율법 가운데 단 한 조항을 지키
기 위해 그렇게 한다. 그런데 너희는 어찌하여 내가 안식일
에 한 사람의 온몸을 건강하게 해주었다는 이유로 내게 화
를 내느냐? 트집 잡지 마라. 너희 머리와 가슴으로 무엇이
옳은지 분별하고, 무엇이 정말로 옳은지를 따져 보아라."

²⁵⁻²⁷ 그때 몇몇 예루살렘 사람들이 말했다. "그들이 죽이려
고 하는 사람이 이 사람이 아닌가요? 이 사람이 여기에서
공공연히 다니며 자기 마음대로 말하고 있는데, 아무도 제
지하는 사람이 없습니다. 혹시 통치자들도 이 사람이 메시

아라고 생각하는 것은 아닐까요? 우리는 이 사람이 어디에서 왔는지 압니다. 하지만 메시아는 어디에서 오는지, 아무도 모르게 오실 겁니다."

28-29 성전에서 가르치던 예수께서 그 말에 자극을 받아 큰소리로 외치셨다. "그렇다. 너희는 나를 알고 내가 어디에서 왔는지 안다고 생각하지만, 나는 너희가 생각하는 데서 오지 않았다. 또한 나 스스로 일을 시작한 것도 아니다. 나의 참된 근원은 나를 보내신 분이다. 너희는 그분을 조금도 알지 못한다. 나는 그분께로부터 왔다. 그래서 나는 그분을 안다. 그분께서 나를 이곳에 보내셨기 때문이다."

30-31 그들은 예수를 체포할 방법을 찾으면서도 그분께 손을 대지는 못했다. 아직 하나님의 때가 되지 않았기 때문이다. 무리 가운데서 많은 사람들이 믿음으로 그분께 자신을 드리며 이렇게 말했다. "메시아가 오신다고 해도, 이보다 설득력 있는 증거를 내놓으시겠는가?"

32-34 이처럼 선동적인 기운이 무리 사이에 흐르는 것을 보고 놀란 바리새인들이, 대제사장들과 한패가 되어 예수를 체포하라고 경비병들을 보냈다. 예수께서 그들을 물리치며 말씀하셨다. "나는 잠깐 동안만 너희와 함께 있다가, 나를 보내신 분께로 간다. 너희가 나를 찾으려고 해도 찾지 못할 것이다. 내가 있는 곳에 너희는 올 수 없다."

35-36 유대인들이 머리를 맞대고 수군거렸다. "저가 어디로 가는데, 우리가 저를 찾지 못할 것이라고 하는 겁니까? 그

리스 땅으로 가서 유대인들을 가르치려는 것일까요? '너희
가 나를 찾으려고 해도 찾지 못할 것이다'는 말이나 '내가 있
는 곳에 너희는 올 수 없다'는 말이 무슨 뜻일까요?"

³⁷⁻³⁹ 명절의 절정인 마지막 날에, 예수께서 입장을 분명히
하시고서 큰소리로 말씀하셨다. "누구든지 목마른 사람은
내게 와서 마셔라. 누구든지 나를 믿는 사람은 성경에서 말
한 것같이, 그 깊은 곳에서 생수의 강이 넘쳐흐를 것이다."
(이것은 그분을 믿는 사람들이 받게 될 성령을 두고 하신 말씀이
다. 예수께서 아직 영광을 받지 않으셨으므로, 성령이 아직 사람
들에게 오시지 않았다.)

⁴⁰⁻⁴⁴ 이 말씀을 들은 무리 가운데 "이분은 그 예언자가 틀림
없다"고 말하는 사람들도 있었고, "저분이야말로 메시아이
시다!"라고 말하는 사람들도 있었다. 그러나 "메시아가 갈
릴리에서 나오겠는가? 성경에는 메시아가 다윗의 혈통을
따라 다윗의 동네인 베들레헴에서 나온다고 하지 않았던
가?"라고 말하는 이들도 있었다. 그렇게 무리 사이에 예수
를 두고 의견이 갈렸다. 예수를 체포하려는 사람들도 있었
으나, 아무도 그분께 손을 대지는 못했다.

⁴⁵ 그때 성전 경비병들이 돌아와서 보고하자, 대제사장과 바
리새인들은 "왜 그를 데려오지 않았느냐?"고 따져 물었다.

⁴⁶ 경비병들이 대답했다. "그가 어떻게 말하는지 들어 보셨
습니까? 우리는 여태껏 그 사람처럼 말하는 사람을 본 적이
없습니다."

⁴⁷⁻⁴⁹ 바리새인들이 말했다. "너희도 저 천하기 짝이 없는 무리처럼 미혹된 것이냐? 지도자나 바리새인들 가운데서 그를 믿는 사람을 보았느냐? 그에게 미혹된 자라고는 하나님의 율법을 모르는 저 무리뿐이다."

⁵⁰⁻⁵¹ 전에 예수를 찾아왔던 사람으로 지도자이자 바리새인인 니고데모가 나서서 말했다. "먼저 당사자의 말을 들어 보고 그가 무슨 일을 하는지 알아보고 나서 사람의 죄를 판결하는 것이 우리 율법에 맞지 않습니까?"

⁵²⁻⁵³ 그러나 그들이 그의 말을 가로막으며 말했다. "당신도 그 갈릴리 사람을 선전하는 거요? 성경에서 증거를 살펴보시오. 갈릴리에서 예언자가 단 한 명이라도 나왔는지 살펴보란 말이오."

그러고는 모두 집으로 돌아갔다.

간음하다가 잡혀 온 여인

8 ¹⁻² 예수께서 올리브 산으로 가로질러 가셨다가, 곧이어 성전으로 돌아오셨다. 사람들이 떼를 지어 그분께 몰려왔고, 예수께서는 자리에 앉아 그들을 가르치셨다.

³⁻⁶ 종교 학자와 바리새인들이 간음하다가 붙잡힌 한 여자를 끌고 왔다. 그들은 모든 사람이 잘 볼 수 있도록 여자를 세워 놓고 말했다. "선생님, 이 여자가 간음하다가 현장에서 잡혔습니다. 모세는 율법에서 이런 자들을 돌로 치라고 명령했습니다. 선생님은 뭐라고 하겠습니까?" 그들은 예수를

함정에 빠뜨려, 뭔가 책잡을 만한 발언을 하도록 유도했다.
6-8 예수께서 몸을 굽혀 손가락으로 땅에다 뭔가를 쓰셨다.
그들은 계속해서 그분을 다그쳤다. 예수께서 몸을 펴고 일
어나 말씀하셨다. "너희 가운데 죄 없는 사람이 먼저 돌로
쳐라." 그런 다음, 다시 몸을 굽혀 땅에다 뭔가를 더 쓰셨다.
9-10 사람들이 이 말을 듣고는, 가장 나이 많은 사람부터 시
작해 하나 둘씩 자리를 떴다. 그 여자만 홀로 남자, 예수께
서 일어서서 여자에게 말씀하셨다. "여자여, 사람들이 어디
있느냐? 너를 정죄하는 사람이 아무도 없느냐?"
11 "아무도 없습니다, 주님."
"나도 너를 정죄하지 않겠다." 예수께서 말씀하셨다. "네 갈
길을 가거라. 이제부터는 죄를 짓지 마라."

세상의 빛

12 예수께서 다시 사람들에게 말씀하셨다. "나는 세상의 빛
이다. 나를 따르는 사람은 아무도 어둠 속에서 넘어지지 않
는다. 나는 그에게 빛을 풍성히 주어 그 속에서 살게 한다."
13 바리새인들이 이의를 제기했다. "우리가 들은 것은 당신
말이 전부요. 우리는 당신의 말보다 더한 것이 필요하오."
14-18 예수께서 대답하셨다. "너희가 들은 것이 내 말뿐이라
니, 너희 말이 맞다. 그러나 너희는 내 말이 참되다는 것을
믿고 의지해도 좋다. 나는 내가 어디에서 왔고 어디로 가는
지 알지만, 너희는 내가 어디에서 와서 어디로 가는지 알지

못한다. 너희는 너희가 보고 만질 수 있는 것에 근거해서 판단하지만, 나는 그런 식으로 판단하지 않는다. 설령 내가 판단하더라도, 내가 하는 판단은 참이다. 그것은 내가 좁은 경험에 근거해서 판단하지 않고 나를 보내신 크신 아버지 안에서, 그분과 함께 판단하기 때문이다. 이것으로, 두 증인의 증언은 믿어도 된다고 한 하나님의 율법의 요건이 충족된 것이다. 너희가 들은 내 말이 그러하다. 나도 너희에게 말하고, 나를 보내신 아버지께서도 너희에게 말씀하시기 때문이다."

¹⁹ 그들이 말했다. "당신의 아버지라는 분이 어디 있소?"

예수께서 말씀하셨다. "너희가 나를 보면서도 나를 알지 못하는데, 어찌 아버지를 알기 바라느냐? 너희가 나를 알았더라면, 아버지도 알았을 것이다."

²⁰ 이것은 예수께서 성전 헌금함 근처에서 가르치며 하신 말씀이다. 아무도 그분을 잡는 사람이 없었다. 아직 그분의 때가 되지 않았기 때문이다.

²¹ 예수께서 이전에 말씀한 내용을 다시 말씀하셨다. "나는 이제 곧 떠나고, 너희는 나를 찾으려고 할 것이다. 하지만 너희는 그렇게 하다가 하나님을 놓치고 죽음이라는 막다른 길로 치닫게 될 것이다. 너희는 나와 함께 갈 수 없다."

²² 유대인들이 말했다. "그렇다면, 이 사람이 자살하겠다는 말인가? '너희는 나와 함께 갈 수 없다'는 말이 그런 뜻인가?"

²³⁻²⁴ 예수께서 말씀하셨다. "너희는 이 세상에 매여 있지만, 나는 너희가 볼 수 있는 세상 그 너머의 세상과 연결되어 있

다. 너희는 눈으로 보고 손으로 만지는 육신의 차원에서 살
고 있지만, 나는 다른 차원에서 살고 있다. 바로 이런 이유
로, 내가 너희에게 '너희는 하나님을 놓치고 있다'고 말한 것
이다. 너희는 죽음이라는 막다른 길에 있다. 내가 누구인지
말하는데도 너희가 믿지 않으면, 너희는 죄로 인해 죽음이
라는 막다른 길에 있는 것이다. 너희는 지금 너희 삶에서 하
나님을 놓치고 있다."

25-26 그들이 예수께 말했다. "도대체 당신은 누구요?"

예수께서 말씀하셨다. "내가 처음부터 말한 그대로다. 나는
너희에 대해 할 말도 많고, 심판할 것도 많다. 그러나 나에
게 말과 행동을 명령하신 분의 참되심을 너희가 인정하지
않으면, 아무 소용이 없다. 너희는 내가 아니라 나를 보내신
분을 문제 삼고 있는 것이다."

27-29 그들은 여전히 예수께서 아버지를 두고 하신 말씀을
알아듣지도, 깨닫지도 못했다. 예수께서 다시 말씀하셨다.
"너희는 인자를 들어 올리고 나서야 내가 누구인지 알게 될
것이다. 내가 이 말을 지어낸 것이 아니라, 아버지께서 가
르쳐 주신 대로 말한다는 것을 알게 될 것이다. 나를 보내신
분이 나와 함께 계신다. 그분은 나를 버려두지 않으신다. 그
분을 기쁘시게 해드리는 것이 나에게 얼마나 큰 기쁨이 되
는지, 그분은 잘 아신다."

30 예수께서 이렇게 말씀하시자, 많은 사람들이 믿기로 작정
했다.

진리가 너희를 자유롭게 할 것이다

31-32 그러자 예수께서 자기를 믿겠다고 한 유대인들을 향해 말씀하셨다. "너희가 내 말을 붙들고 내 말대로 살아가면, 너희는 진정한 내 제자가 된다. 그러면 너희는 진리를 직접 경험하게 될 것이고, 진리가 너희를 자유롭게 할 것이다."

33 그들이 놀라서 말했다. "하지만 우리는 아브라함의 자손입니다. 우리는 누구의 종이 되어 본 적이 없습니다. 그런데 어째서 당신은 '진리가 너희를 자유롭게 할 것이다'라고 말하는 것입니까?"

34-38 예수께서 말씀하셨다. "내가 너희에게 진지하게 말한다. 죄의 삶을 선택하는 사람은 누구나 막다른 골목에 갇힌 것이며, 그런 사람은 사실상 종이나 다름없다. 종은 뜨내기여서 마음대로 드나들지 못하지만, 아들은 지위가 확고해서 마음대로 드나든다. 그러므로 아들이 너희를 자유롭게 하면, 너희는 완전히 자유롭게 될 것이다. 나도 너희가 아브라함의 자손인 줄은 안다. 그러나 나는 너희가 나를 죽이려 한다는 것도 알고 있다. 그것은 나의 메시지가 너희 둔한 머리에 속속들이 스며들지 않았기 때문이다. 나는 아버지와 사귀면서 본 것을 말하는데, 너희는 단지 너희 아버지에게서 들은 것을 계속 행한다."

39-41 그들이 분개했다. "우리 아버지는 아브라함이오!"

예수께서 말씀하셨다. "너희가 아브라함의 자손이라면, 아브라함이 한 일을 너희도 했을 것이다. 그러나 너희는 지금,

하나님께로부터 직접 들은 진리를 너희에게 전해 준 나를 죽이려고 한다! 아브라함은 그런 일을 하지 않았다. 너희는 너희 아버지의 일을 고집스럽게 되풀이하고 있다."

그들이 말했다. "우리는 사생아가 아니오. 우리에게는 적법한 아버지이신 유일하신 하나님이 계시오."

42-47 예수께서 말씀하셨다. "하나님이 너희 아버지라면, 너희가 나를 사랑했을 것이다. 내가 하나님께로부터 나서 이 세상에 왔기 때문이다. 나는 내 뜻대로 온 것이 아니다. 아버지께서 나를 보내셔서 온 것이다. 어째서 너희는 내 말을 한 마디도 알아듣지 못하느냐? 그것은 너희가 내 말을 감당할 수 없기 때문이다. 너희는 너희 아버지인 마귀에게서 났고, 너희가 하려는 일은 온통 그를 기쁘게 하는 것뿐이다. 마귀는 처음부터 살인자였다. 그가 진리를 견지 못하는 것은, 그 속에 진리가 조금도 없기 때문이다. 그 거짓말쟁이는 말할 때마다 자기 본성에 따라 말을 만들어 내고, 그 거짓말로 온 세상을 가득 채운다. 내가 와서 너희에게 명백하게 진리를 말해도, 너희는 나와 관계하려고 하지 않는다. 너희 가운데 내가 그릇된 말이나 죄악된 행동을 하나라도 했다고 입증할 수 있는 사람이 있느냐? 내가 진리를 말하는데도, 너희는 어째서 나를 믿지 않느냐? 하나님과 한편에 있는 사람은 누구나 하나님의 말씀을 듣는다. 너희가 듣지 않는 것은, 하나님과 한편에 있지 않기 때문이다."

나는 아브라함이 있기 전부터 있었다

⁴⁸ 그러자 유대인들이 말했다. "당신의 말로 모든 것이 분명해졌소. 우리가 당신을 사마리아 사람이라 하고, 미치고 귀신 들렸다고 한 것이 처음부터 옳았소!"

⁴⁹⁻⁵¹ 예수께서 말씀하셨다. "나는 미친 것이 아니다. 나는 다만 내 아버지를 영화롭게 하고 있는데, 너희는 나를 모욕하고 있다. 나는 내 자신을 위해서는 아무것도 구하지 않는다. 그러나 여기에 영광스럽고 큰 일을 계획하시고 그 일을 하기로 작정하신 분이 계시는데, 그분은 하나님이시다. 내가 아주 확신 있게 말한다. 너희가 내 말대로 행하면 결코 죽음을 대면하지 않을 것이다."

⁵²⁻⁵³ 이때 유대인들이 말했다. "당신이 미쳤다는 것을 이제 알겠소. 아브라함도 죽었고 예언자들도 죽었소. 그런데도 당신은 '내 말대로 행하면 결코 죽음을 대면하지도, 맛보지도 않을 것이다'라고 말하다니, 당신이 아브라함보다 크다는 말이오? 아브라함도 죽었고, 예언자들도 죽었소! 당신은 자신이 누구라고 생각하는 거요?"

⁵⁴⁻⁵⁶ 예수께서 말씀하셨다. "내가 사람들의 이목을 내 자신에게로 끌려고 한다면, 그것은 헛된 일로 끝나고 말 것이다. 그러나 내 아버지, 곧 너희가 너희 아버지라고 부르는 분께서, 이 순간에 나를 영광의 자리에 두셨다. 너희는 그분을 알아보지 못했으나, 나는 그분을 알아보았다. 내가 겸손한 척하며 무슨 일인지 모르겠다고 말하면, 나도 너희와 같은

거짓말쟁이가 되고 말 것이다. 그러나 나는 알고 있고, 그분의 말씀대로 행하고 있다. 너희 조상 아브라함은 희열에 찬 믿음으로 역사의 뒤안길을 굽어보면서 나의 날이 오는 것을 보았다. 그는 그날을 보고 크게 기뻐했다."

⁵⁷ 유대인들이 말했다. "당신이 쉰 살도 되지 않았는데, 아브라함이 당신을 보았다는 말이오?"

⁵⁸ 예수께서 말씀하셨다. "나를 믿어라. 나는 아브라함이 있기 오래전부터 스스로 있다."

⁵⁹ 그 말에 그들이 폭발하고 말았다. 그들은 돌을 들어 그분을 치려고 했다. 그러나 예수께서는 어느새 성전을 빠져나와 사라지셨다.

참으로 눈먼 사람

9

¹⁻² 예수께서 길을 가시다가, 태어날 때부터 눈먼 사람을 보셨다. 제자들이 물었다. "랍비님, 이 사람이 눈먼 사람으로 태어난 것이 누구의 죄 때문입니까? 이 사람 때문입니까, 이 사람의 부모 때문입니까?"

³⁻⁵ 예수께서 말씀하셨다. "탓할 사람을 찾으려고 하니, 너희의 질문이 잘못되었다. 이 일에 그런 식의 인과관계는 없다. 차라리 너희는 하나님께서 어떤 일을 하시는지를 주목해 보아라. 우리는 나를 이 세상에 보내신 분을 위해 해가 비치는 동안 활기차게 일해야 한다. 밤이 되면, 일할 시간이 끝난다. 내가 이 세상에 있는 동안은 빛이 풍성하다. 나는 세상

의 빛이다."

6-7 예수께서 이렇게 말씀하시고, 흙에 침을 뱉어 그것으로 반죽을 이겨서 눈먼 사람의 눈에 바르고 말씀하셨다. "실로암 연못에 가서 씻어라." (실로암은 '보냄을 받았다'는 뜻이다.) 그 사람이 가서 씻고 앞을 보게 되었다.

8 이내 마을이 소란해졌다. 그 사람의 친척과, 여러 해 동안 그가 구걸하는 모습을 보아 온 사람들이 말했다. "이 사람은 우리가 알던 사람, 여기 앉아서 구걸하던 그 사람이 아닙니까?"

9 "그 사람이 맞아요!" 하고 다른 사람들이 말했다.

그러나 "같은 사람이 아니오. 그와 닮은 사람일 뿐입니다" 하고 말하는 사람들도 있었다.

그 사람이 말했다. "납니다. 내가 바로 그 사람입니다."

10 그들이 말했다. "당신이 어떻게 눈을 뜨게 되었소?"

11 "예수라는 분이 진흙을 이겨서 내 눈에 바르고는, 내게 실로암에 가서 씻으라고 말했습니다. 나는 그분이 말한 대로 했습니다. 눈을 씻었더니, 이렇게 보게 되었습니다."

12 "그 사람이 어디 있소?"

"모르겠습니다."

13-15 그들은 그 사람을 바리새인들에게 데려갔다. 예수께서 진흙을 이겨 그의 눈을 고쳐 주신 날은 안식일이었다. 바리새인들은 그 사람이 어떻게 보게 되었는지 엄히 따져 물었다. 그 사람이 대답했다. "그분이 내 눈에 진흙 반죽을 발라 주셔서, 내가 씻었습니다. 그랬더니 이렇게 보게 되었습니다."

16 몇몇 바리새인들이 말했다. "그 자는 하나님에게서 온 사람이 아닌 게 틀림없소. 안식일을 지키지 않으니 말이오." 그러자 다른 이들이 반박했다. "그렇다면 악한 사람이 어떻게 하나님을 드러내는 이런 기적을 행할 수 있겠소?" 그들 사이에 의견이 갈렸다.

17 그들이 다시 눈먼 사람에게 가서 말했다. "당신이 잘 알 테니, 말해 보시오. 그가 당신의 눈을 뜨게 해주었소. 당신은 그 사람에 대해 뭐라고 말하겠소?"

그 사람이 대답했다. "그분은 예언자이십니다."

18-19 유대인들은 그 말을 믿지 않았다. 또한 그가 처음부터 눈먼 사람이었다는 것도 믿지 않았다. 그래서 그들은 눈이 밝아져 보게 된 그 사람의 부모를 불러다가 물었다. "이 사람이 눈먼 자로 태어났다는 당신네 아들이오? 그렇다면 그가 지금은 어떻게 앞을 보게 된 것이오?"

20-23 그의 부모가 대답했다. "그가 우리 아들이라는 것과 그가 눈이 멀어서 태어난 것은 우리가 압니다. 하지만 그가 어떻게 해서 보게 되었고, 누가 그의 눈을 뜨게 해주었는지는 전혀 모르겠습니다. 그에게 물어보시지요. 그도 다 자란 어른이니 자기가 직접 말할 겁니다." (그의 부모가 이렇게 말한 것은 유대 지도자들이 두려웠기 때문이다. 그들은 '예수가 메시아다'라는 입장을 취하는 사람은 누구나 회당에서 내쫓기로 이미 결정해 놓은 상태였다. 그래서 그의 부모가 "그에게 물어보시지요. 그도 다 자란 어른입니다"라고 말한 것이다.)

²⁴ 그들은 눈이 멀었던 사람을 다시 불러다가 말했다. "하나님께 영광을 돌리시오. 우리가 알기로, 그 자는 사기꾼이오."
²⁵ 그 사람이 대답했다. "그 일이라면, 나는 어느 쪽도 아는 것이 없습니다. 그러나 한 가지 확실히 아는 것은, 내가 눈이 멀었는데, 이제는 볼 수 있다는 사실입니다."
²⁶ 그들이 말했다. "그 자가 당신에게 무슨 짓을 했소? 어떻게 당신의 눈을 뜨게 해준 것이오?"
²⁷ "내가 여러분에게 거듭 말했는데도, 여러분은 듣지 않았습니다. 그런데 왜 다시 들으려고 하십니까? 여러분도 그분의 제자가 되려는 것입니까?"
²⁸⁻²⁹ 그 말에 그들이 마구 호통을 쳤다. "당신은 그 자의 제자인지 모르겠으나, 우리는 모세의 제자요. 우리는 하나님께서 모세에게 말씀하셨다는 것은 확실히 알지만, 이 자가 어디에서 왔는지는 모르오."
³⁰⁻³³ 그 사람이 대답했다. "참 놀라운 일입니다! 여러분은 그분에 대해 아는 게 없다고 하지만, 그분이 내 눈을 뜨게 해준 것은 틀림없는 사실입니다! 모두가 알다시피, 하나님은 죄인들의 말대로 하시는 분이 아니라, 누구든지 경건하게 살면서 그분 뜻대로 행하는 사람의 말에 귀를 기울이시는 분입니다. 누군가가 날 때부터 눈먼 사람의 눈을 뜨게 해주었다는 이야기를 나는 들어 본 적이 없습니다. 그분이 하나님에게서 오시지 않았다면 아무 일도 못하셨을 것입니다."
³⁴ 그들이 말했다. "먼지만도 못한 주제에, 어디서 감히 그런

투로 말하느냐!" 그러고 나서 그 사람을 거리로 내쫓았다.

³⁵ 그들이 그 사람을 내쫓았다는 말을 예수께서 들으시고, 그를 찾아가 만나셨다. 예수께서 그 사람에게 물으셨다. "네가 인자를 믿느냐?"

³⁶ 그 사람이 말했다. "선생님, 그분이 누구신지 제게 일러 주십시오. 제가 그분을 믿겠습니다."

³⁷ 예수께서 말씀하셨다. "네가 지금 인자를 보고 있다. 내 음성을 알아듣지 못하겠느냐?"

³⁸ 그 사람은 "주님, 제가 믿습니다" 하며 예수께 경배했다.

³⁹ 그러자 예수께서 말씀하셨다. "내가 이 세상에 온 것은, 모든 것을 대낮같이 환하게 드러내서 분명히 하려는 것이다. 모든 것을 선명히 구별해서, 보지 못하는 사람들은 보게 하고, 잘 본다고 하는 사람들은 눈먼 자로 폭로하려는 것이다."

⁴⁰ 몇몇 바리새인들이 그분의 말씀을 듣고 말했다. "결국 우리가 눈먼 자라는 말이오?"

⁴¹ 예수께서 말씀하셨다. "너희가 정말로 눈이 멀었더라면 차라리 허물이 없었을 것이다. 그러나 너희가 모든 것을 잘 본다고 하니, 너희는 모든 허물과 잘못에 대해 책임을 져야 할 것이다."

그분은 양들의 이름을 부르신다

10 ¹⁻⁵ "할 수 있는 한 분명히 말하겠다. 양의 우리에 들어갈 때, 문으로 들어가지 않고 울타리를 넘거

나 뚫고 들어가는 사람은, 딴 속셈이 있는 양 도둑이다! 목
자는 곧바로 문으로 간다. 문지기는 목자에게 문을 열어 주
고, 양들은 그의 음성을 알아듣는다. 목자는 자기 양들의 이
름을 하나하나 불러 밖으로 데리고 나간다. 양들을 모두 데
리고 나가면, 목자는 앞장서 가고 양들은 그를 따라간다. 양
들이 목자의 음성을 잘 알기 때문이다. 양들은 낯선 사람의
음성은 따르지 않고, 오히려 뿔뿔이 흩어진다. 낯선 자의 목
소리에는 익숙하지 않기 때문이다."

6-10 예수께서 이토록 쉽게 이야기해 주셨으나, 그들은 그분
이 무슨 말씀을 하시는지 전혀 깨닫지 못했다. 그래서 예수
께서 다시 말씀하셨다. "그렇다면 분명히 말하겠다. 나는
양들이 드나드는 문이다. 다른 사람들은 모두 못된 일을 꾸
민다. 그들은 하나같이 양 도둑이다. 양들은 그들의 말을 듣
지 않는다. 나는 문이다. 나를 통해 들어오는 사람은 누구나
보살핌을 받고 마음껏 드나들며 풀밭을 찾게 될 것이다. 도
둑은 오직 훔치고 죽이고 멸망시키려고 올 뿐이다. 내가 온
것은 양들로 참되고 영원한 생명을 얻게 하고, 그들이 꿈꾸
던 것보다 더 나은 삶을 얻게 하려는 것이다.

11-13 나는 선한 목자다. 선한 목자는 자기보다 양들을 먼저
생각해서, 필요하다면 자기를 희생하기까지 한다. 삯꾼은
참된 목자가 아니다. 삯꾼은 양들을 하찮게 여긴다. 이리가
오는 것을 보면 양들을 버리고 급히 달아난다. 그러면 양들
은 이리에게 잡아먹히거나 뿔뿔이 흩어지고 만다. 삯꾼이

관심을 기울이는 것은 돈밖에 없다. 삯꾼은 양들을 소중히
여기지 않는다.

¹⁴⁻¹⁸ 나는 선한 목자다. 나는 내 양들을 알고, 내 양들도 나
를 안다. 아버지께서 나를 아시고, 내가 아버지를 아는 것과
같다. 나는 내 자신보다 양들을 먼저 생각해서, 필요하다면
내 목숨까지 내어준다. 너희는 이 우리에 있는 양들 말고도
다른 양들도 있다는 것을 알아야 한다. 나는 그 양들도 모아
서 데려와야 한다. 그들도 내 목소리를 알아듣고, 한 목자
아래서 한 양 떼가 될 것이다. 아버지께서 나를 사랑하신다.
그것은 내가 목숨을 기꺼이 버리기 때문이다. 또한 나는 목
숨을 다시 얻을 자유도 있다. 아무도 내게서 목숨을 앗아 가
지 못한다. 나는 내 자유의지로 내 목숨을 버린다. 나는 목
숨을 버릴 권한도 있고, 다시 얻을 권한도 있다. 나는 이 권
한을 내 아버지에게서 직접 받았다."

¹⁹⁻²¹ 이 말씀 때문에 유대인들 사이에 또다시 의견이 갈렸
다. 그들 중 많은 사람들이 말했다. "그는 미치광이오. 완전
히 제정신이 아닙니다. 무엇 때문에 그의 말을 듣고 있는 거
요?" 그러나 다른 사람들은 그렇게 생각하지 않았다. "이것
은 미친 사람의 말이 아니오. 미치광이가 눈먼 사람의 눈을
뜨게 할 수 있겠소?"

²²⁻²⁴ 바로 그 즈음에, 사람들이 예루살렘에서 하누카(성전 봉

헌절)를 지키고 있었다. 때는 겨울이었다. 예수께서 성전 안에 있는 솔로몬 회랑을 거닐고 계셨다. 유대인들이 그분을 에워싸며 말했다. "당신은 언제까지 우리로 추측만 하게 만들 작정이오? 당신이 메시아라면, 속 시원하게 말해 보시오."

25-30 예수께서 대답하셨다. "내가 말했지만 너희는 믿지 않는다. 내가 행한 모든 일은 내 아버지께서 인정해 주신 것이며, 그것은 말보다 더 분명한 증거다. 너희가 나를 믿지 않는 것은, 내 양이 아니기 때문이다. 내 양들은 내 목소리를 알아듣는다. 나는 내 양들을 알고, 내 양들은 나를 따른다. 나는 그들에게 참되고 영원한 생명을 준다. 그들에게는 파괴자의 손길이 결코 닿지 못할 것이다. 아무도 그들을 내 손에서 빼앗아 갈 수 없다. 그들을 내게 맡기신 아버지는 파괴자나 도둑보다 훨씬 크신 분이다. 아무도 그들을 내 아버지에게서 빼앗아 갈 수 없다. 나와 아버지는 한마음 한뜻이다."

31-32 유대인들이 또다시 돌을 집어 들고 예수를 치려고 했다. 예수께서 말씀하셨다. "나는 아버지께로부터 온 많은 선한 일을 너희에게 선물로 주었다. 너희는 그 가운데 무엇 때문에 나를 돌로 치려고 하느냐?"

33 유대인들이 말했다. "우리가 당신을 돌로 치려는 것은 당신이 행한 선한 일 때문이 아니라, 당신 스스로를 하나님이라 일컫는 신성모독죄 때문이오."

34-38 예수께서 말씀하셨다. "나는 영감으로 기록된 너희 성경을 인용했을 뿐이다. 그 말씀에서 하나님은 '내가 너희에

게 말한다. 너희는 신(神)이다'라고 하셨다. 하나님께서 너희 조상을 '신'이라 부르셨다. 성경은 거짓을 말하지 않는다. 그런데 왜 너희는 내가 하나님의 아들이라고 말했다는 이유만으로, 아버지께서 거룩하게 구별해서 이 세상에 보내신 유일한 존재인 나에게 '하나님을 모독하는 자! 하나님을 모독하는 자!'라고 소리 지르는 것이냐? 내가 만일 내 아버지의 일을 행하지 않는다면, 나를 믿지 않아도 좋다. 그러나 내가 아버지의 일을 행하고 있다면, 내가 내 자신에 대해 하는 말은 잠시 제쳐두고, 바로 너희 눈앞에 일어나는 일만이라도 증거로 받아들여라. 그러면 너희는 이 모든 일을 한번에 깨닫게 될 것이다. 우리가 같은 일을 하고 있을 뿐 아니라 같다는 것―아버지와 아들이라는 것―을 알게 될 것이다. 아버지가 내 안에 계시고, 내가 아버지 안에 있다."

39-42 그들이 이번에도 예수를 잡으려고 했지만, 그분은 그들의 손을 빠져나가셨다. 예수께서는 다시 요단 강 건너편, 요한이 처음 세례를 주던 곳으로 가서서 거기에 머무셨다. 많은 사람들이 그곳으로 예수를 따라왔다. 그들이 말했다. "요한은 기적을 하나도 행하지 못했지만, 그가 이분을 두고 한 말은 모두 사실이었다." 그때 거기서 많은 사람들이 예수를 믿었다.

나사로야, 나오너라!

11 1-3 어떤 사람이 병이 들었다. 그는 마리아와 그 자매 마르다가 사는 마을 베다니의 나사로였다.

이 마리아는 주님의 발에 향유를 바르고, 자기 머리카락으로 그 발을 닦아 드린 사람이었다. 병이 든 나사로는 그녀의 오라버니였다. 두 자매는 예수께 사람을 보내 소식을 알렸다. "주님, 주님께서 사랑하시는 사람이 깊은 병이 들었습니다." ⁴ 예수께서 그 소식을 듣고 말씀하셨다. "그 병은 죽을병이 아니다. 그것은 하나님의 영광을 드러내는 기회가 될 것이다. 그 일로 하나님의 아들이 영광을 받을 것이다."

⁵⁻⁷ 예수께서는 마르다와 그 자매 마리아와 나사로를 사랑하셨다. 그러나 나사로가 아프다는 소식을 듣고도, 그분은 계시던 곳에서 이틀을 더 머무셨다. 이틀 후에, 예수께서 제자들에게 말씀하셨다. "다시 유대로 가자."

⁸ 제자들이 말했다. "랍비님, 그리로 가시면 안됩니다. 유대인들이 선생님을 죽이려고 하는데, 다시 가시다니요?"

⁹⁻¹⁰ 예수께서 대답하셨다. "낮은 열두 시간이 아니냐? 낮에 다니는 사람은 햇빛이 넉넉하기 때문에 넘어지지 않는다. 그러나 밤에 다니는 사람은 자신이 어디로 가는지 볼 수 없기 때문에 넘어진다."

¹¹ 이 말씀을 하신 뒤에 예수께서 이렇게 말씀하셨다. "우리 친구 나사로가 잠들었다. 내가 가서 깨워야겠다."

¹²⁻¹³ 제자들이 말했다. "주님, 그가 잠들었다면 푹 쉬고 나서 기분 좋게 깰 것입니다." 예수께서는 죽음을 두고 하신 말씀인데, 제자들은 잠시 잠을 잔다는 뜻으로 받아들였다.

¹⁴⁻¹⁵ 그래서 예수께서 분명하게 밝히셨다. "나사로가 죽었

다. 내가 거기에 있지 않은 것이 너희에게는 잘된 일이다. 너희는 이 일로 믿음의 눈을 뜨게 될 것이다. 이제 그에게 가자."

16 바로 그때 '쌍둥이'라고 불리는 도마가 동료들에게 말했다. "갑시다. 우리도 그와 함께 죽는 것이 낫겠습니다."

17-20 예수께서 마침내 베다니에 도착해서 보니, 나사로가 죽은 지 벌써 나흘이 되었다. 베다니는 예루살렘에서 몇 킬로미터밖에 떨어지지 않은 곳이어서, 많은 유대인들이 마르다와 마리아를 찾아와 나사로를 잃은 그들을 위로하고 있었다. 마르다는 예수께서 오신다는 소식을 듣고 그분을 마중하러 나갔고, 마리아는 집에 남아 있었다.

21-22 마르다가 말했다. "주님, 주님께서 여기에 계셨더라면 제 오라버니가 죽지 않았을 것입니다. 그러나 지금이라도 주님이 구하시면, 하나님께서 무엇이든지 들어주실 것을 제가 압니다."

23 예수께서 말씀하셨다. "네 오라버니가 다시 살아날 것이다."

24 마르다가 대답했다. "마지막 날 부활 때에 제 오라버니가 다시 살아날 것을 제가 압니다."

25-26 "마지막 날까지 기다리지 않아도 된다. 지금 이 순간에, 나는 부활이요 생명이다. 나를 믿는 사람은 죽어도 살고, 누구든지 살아서 나를 믿는 사람은 결코 죽지 않을 것이다. 네가 이것을 믿느냐?"

27 "믿습니다, 주님. 저는 주님이 메시아이시며, 이 세상에

오시는 하나님의 아들이신 것을 처음부터 믿었습니다."

²⁸ 이 말을 한 뒤에, 마르다는 동생 마리아에게 돌아가서 귓속말로 이렇게 말했다. "선생님이 오셨는데, 너를 찾으시는구나."

²⁹⁻³² 이 말을 들은 마리아는 벌떡 일어나 예수께 달려갔다. 예수께서는 아직 마을에 들어가지 않으시고, 마르다가 마중 나왔던 곳에 계셨다. 마리아를 위로하던 유대인 친구들은, 그녀가 달려가는 것을 보고, 그녀가 무덤에 가서 울려는가 생각하고 따라나섰다. 마리아는 예수께서 기다리고 계신 곳에 가서 그분 발 앞에 엎드렸다. "주님, 주님이 여기에 계시기만 했어도 제 오라버니가 죽지 않았을 것입니다."

³³⁻³⁴ 마리아도, 마리아와 함께 온 유대인들도 울었다. 그 모습을 보시며, 그분 안에 깊은 분노가 북받쳐 올랐다. 예수께서 말씀하셨다. "그를 어디에 두었느냐?"

³⁴⁻³⁵ 사람들이 말했다. "주님, 와서 보십시오." 예수께서 눈물을 흘리셨다.

³⁶ 유대인들이 말했다. "보시오, 저분이 그를 얼마나 깊이 사랑하셨는지!"

³⁷ 그들 가운데 또 다른 이들이 말했다. "글쎄요, 저분이 그를 그토록 사랑했다면, 왜 그가 죽지 않도록 손을 쓰지 않았을까요? 저분은 눈먼 사람의 눈을 뜨게 해준 분이지 않습니까?"

³⁸⁻³⁹ 예수께서 무덤에 이르셨을 때, 그분 안에 다시 분노가 북받쳐 올랐다. 무덤은 산허리에 있는 소박한 굴인데, 입구

가 돌로 막혀 있었다. 예수께서 말씀하셨다. "돌을 치워라."
죽은 자의 누이인 마르다가 말했다. "주님, 이미 악취가 납
니다. 죽은 지 나흘이 되었습니다!"

40 예수께서 마르다의 눈을 들여다보며 말씀하셨다. "네가 믿
으면 하나님의 영광을 볼 것이라고 내가 말하지 않았느냐?"

41-42 그러고는 "어서 돌을 치워라" 하고 다른 사람들에게 명
하셨다.

사람들이 돌을 치우자, 예수께서 하늘을 우러러보며 기도하
셨다. "아버지, 내 말을 들어주시니 감사합니다. 아버지께
서 언제나 들으신다는 것을 내가 압니다. 그러나 내가 이렇
게 말씀드린 것은, 여기 서 있는 이 사람들 때문입니다. 아
버지께서 나를 보내신 것을 저들로 믿게 하려는 것입니다."

43-44 그런 다음에 예수께서 큰소리로 외치셨다. "나사로야,
나오너라!" 그러자 나사로가 나왔다. 머리에서 발끝까지 천
으로 감고, 얼굴에는 수건을 덮은 시신의 모습이었다.

예수께서 그들에게 말씀하셨다. "마음대로 움직이게 그를
풀어 주어라."

예수를 죽이려는 모의를 하다

45-48 그 사건은 마리아와 함께 있던 많은 유대인들에게 전환
점이 되었다. 그들이 예수께서 하신 일을 보고 그분을 믿게
된 것이다. 그러나 몇몇 사람들이 바리새인들에게 돌아가
예수께서 하신 일을 밀고했다. 대제사장과 바리새인들은 유

대 최고의회를 소집했다. "어떻게 하면 좋겠습니까? 이 자
가 끊임없이 일을 벌이며, 하나님의 표적을 일으키고 있으
니 말입니다. 이대로 두면 조만간 모든 사람이 그를 믿게 될
테고, 그러면 로마 사람들이 와서 얼마 남지 않은 우리의 권
력과 특권마저 빼앗고 말 것입니다."

⁴⁹⁻⁵² 그러자 그들 가운데서 그해의 대제사장으로 임명된 가
야바라는 사람이 말했다. "여러분은 아무것도 모르겠소? 한
사람이 백성을 위해 죽는 것이 민족 전체가 멸망하는 것보
다 우리에게 낫다는 것을 알지 못한단 말이오?" 이것은 그
가 스스로 한 말이 아니라, 그해의 대제사장으로서 뜻하지
않게 예언한 것이다. 그는 예수께서 민족을 위해서뿐만 아
니라 흩어져 나그네의 삶을 살아가는 하나님의 자녀들을 모
아서 한 백성으로 만들기 위해 죽으실 것을 예언한 것이다.

⁵³⁻⁵⁴ 그날부터 그들은 예수를 죽이기로 모의했다. 그래서 예
수께서는 더 이상 유대인들 가운데 드러나게 다니지 않으셨
다. 그분은 광야에 인접한 에브라임이라는 시골 마을로 물
러나서 제자들과 함께 머물러 계셨다.

⁵⁵⁻⁵⁶ 유대인의 유월절이 다가오고 있었다. 많은 사람들이 명
절 준비를 하려고 시골에서 예루살렘으로 올라갔다. 그들은
예수에 대해 궁금해 했다. 성전에 모여 선 사람들 사이에 그
분에 대해 많은 이야기가 오갔다. "여러분 생각은 어떻습니
까? 그가 명절에 모습을 드러낼 것 같습니까?"

⁵⁷ 한편, 대제사장과 바리새인들은 누구든지 예수에 대한 소

문을 듣거든 자신들에게 알리라는 명령을 내려 두었다. 그
들은 예수를 붙잡을 만반의 태세를 갖추고 있었다.

그분 발에 향유를 부은 여인

12

1-3 유월절 엿새 전에, 예수께서 베다니로 들어가
셨다. 그곳에는 얼마 전에 죽은 자들 가운데서
살아난 나사로가 살고 있었다. 나사로와 그의 누이들이 자
신들의 집에서 저녁식사를 하자고 예수를 초대했다. 마르다
는 시중 들고, 나사로는 사람들과 함께 식탁에 앉아 있었다.
마리아가 아주 값비싼 향유 한 병을 가지고 들어와서 예수
의 발에 붓고, 자기 머리카락으로 그 발을 닦아 드렸다. 향
유 냄새가 집 안에 가득했다.

4-6 제자들 가운데 한 사람으로, 이미 그때 예수를 배반할 준
비를 하고 있던 가룟 유다가 말했다. "왜 이 향유를 팔아서
그 돈을 가난한 사람들에게 주지 않습니까? 팔면 은화 삼백
은 충분히 받을 텐데." 이렇게 말한 것은, 그가 가난한 사람
들을 생각해서가 아니라 도둑이었기 때문이다. 그는 일행의
공금을 맡고 있었는데, 그것을 빼돌리기도 했다.

7-8 예수께서 말씀하셨다. "그 여자를 가만두어라. 그 여자는
내 장례식을 내다보고 예를 표한 것이다. 가난한 사람들은
너희와 항상 함께 있지만, 나는 너희와 항상 함께 있는 것이
아니다."

9-11 예수께서 다시 마을에 오셨다는 소문이 유대인들 사이

에 퍼졌다. 사람들이 예수뿐만 아니라, 죽은 자들 가운데서 살아난 나사로도 보려고 몰려왔다. 대제사장들은 나사로를 죽이기로 모의했다. 나사로 때문에 많은 유대인들이 예수를 믿었기 때문이다.

예루살렘 입성

12-15 이튿날, 명절을 지키러 와 있던 많은 무리가 예수께서 예루살렘에 들어오신다는 말을 들었다. 그들은 종려나무 가지를 꺾어 들고 그분을 맞으러 나가서 환호했다.

> 호산나!
> 복되다, 하나님의 이름으로 오시는 이여!
> 복되다! 이스라엘의 왕이여!

성경에 기록된 대로 예수께서 어린 나귀를 얻어 타셨다.

> 두려워하지 마라, 딸 시온아.
> 너의 왕이 오시는 모습을 보아라.
> 나귀 새끼를 타고 오신다.

16 제자들은 성경의 많은 구절이 성취된 것을 당시에는 알아채지 못했다. 그러나 예수께서 영화롭게 되신 뒤에, 그들은 그분에 대해 기록된 것과 그분께 일어난 일이 일치한다는

것을 기억해 냈다.

17-19 예수께서 나사로를 불러 죽은 자들 가운데서 일으키실 때에, 그 자리에 있던 사람들이 자신들이 목격한 것을 이야기했다. 그들이 얼마 전에 있었던 하나님의 표적에 대해 소문을 퍼뜨렸기 때문에 환영하는 무리가 더 늘어났던 것이다. 바리새인들이 그 모습을 보고 체념하듯 말했다. "이제는 통제 불능이오. 온 세상이 저 자의 뒤를 따라 몰려가고 있소."

나를 따라오너라

20-21 명절을 맞아 예배를 드리려고 올라온 그리스 사람들이 있었다. 그들이 갈릴리 벳새다 출신인 빌립에게 다가가서 말했다. "선생님, 우리가 예수를 뵙고 싶습니다. 도와주시겠습니까?"

22-23 빌립이 안드레에게 가서 말했다. 안드레와 빌립이 예수께 가서 말씀드리자, 예수께서 대답하셨다. "때가 되었다. 인자가 영광을 받을 때가 왔다.

24-25 잘 들어라. 밀알 하나가 땅에 묻혀 완전히 죽지 않으면, 한 알 그대로 남아 있다. 그러나 밀알 하나가 땅에 묻혀 죽으면, 싹이 나서 몇 배의 열매를 맺는다. 마찬가지로, 누구든지 현재의 목숨에 집착하는 사람은 그 목숨을 잃을 것이다. 그러나 앞뒤를 재지 않는 사랑으로 그 목숨을 버리는 사람은 참되고 영원한 생명을 얻게 될 것이다.

26 너희 가운데 누구든지 나를 섬기려는 사람은 나를 따라오

너라. 나를 섬기는 사람은 내가 있는 곳에 있게 될 것이다. 누구든지 나를 섬기는 사람은 아버지께서 높여 주시고 상 주실 것이다.

27-28 내 마음은 몹시 흔들리고 있다. 그러니 내가 무슨 말을 하겠느냐? '아버지, 나를 여기에서 벗어나게 해주십시오'라 고 말해야 하겠느냐? 아니다. 나는 처음부터 이것 때문에 온 것이다. 나는 '아버지, 아버지의 영광을 드러내 보이십시 오'라고 말하겠다."

그러자 하늘에서 한 음성이 들려왔다. "내가 이미 영화롭게 했고, 앞으로도 영화롭게 할 것이다."

29 그 소리를 들은 무리가 말했다. "천둥소리다!"

다른 사람들이 말했다. "천사가 이분께 말한 것이다!"

30-33 예수께서 말씀하셨다. "이 음성은 나를 위해서가 아니 라 너희를 위해서 들려온 것이다. 지금 이 순간에, 세상은 위기에 처해 있다. 이제 이 세상의 통치자인 사탄이 쫓겨날 것이다. 그리고 내가 이 땅에서 들려 올라갈 때, 나는 모든 사람을 이끌어서 내 주위로 모을 것이다." 예수께서 이렇게 말씀하신 것은, 자신이 어떤 죽임을 당할지 보여주시려는 것이었다.

34 무리 가운데 대답하는 소리가 들려왔다. "우리는 하나님 의 율법에서 메시아가 영원히 계신다고 들었습니다. 그런데 선생님은 인자가 들려야 한다고 하시니, 어째서 그래야 합 니까? 선생님이 말씀하신 인자가 누구입니까?"

35-36 예수께서 말씀하셨다. "빛이 너희 가운데 있는 것은 잠시뿐이다. 빛이 너희 가운데 있는 동안 다녀라. 그래서 어둠이 너희를 멸하지 못하게 하여라. 너희가 어둠 속에 다니면, 자신이 어디로 가는지 알지 못한다. 빛이 너희와 함께 있는 동안 그 빛을 믿어라. 그러면 그 빛이 너희 안에 있으면서 너희 삶을 속속들이 비춰 줄 것이다. 너희는 빛의 자녀가 될 것이다."

나를 믿는 사람은 나를 보내신 분을 믿는 것이다

36-40 예수께서 이 모든 것을 말씀하시고 나서 몸을 숨기셨다. 예수께서 이 모든 하나님의 표적을 보여주셨지만, 그들은 받아들이지도 않았고 그분을 신뢰하지도 않았다. 이 일로 예언자 이사야의 말이 옳다는 것이 확인되었다.

하나님, 우리가 전한 말을 누가 믿었습니까?
하나님께서 팔을 뻗어 행하려고 하시건만, 누가 그것을 알아보았습니까?

처음에 그들은 믿으려 하지 않았고, 나중에는 믿을 수도 없었다. 이 또한 이사야가 말한 것과 같았다.

그들의 눈은 멀었고
그들의 마음은 완고해졌으니,

이는 그들이 눈으로 보고
마음으로 깨달아서,
나 하나님께로 돌아와
내게 고침을 받지 못하게 하려는 것이다.

⁴¹ 이것은 이사야가 메시아를 통해 폭포수처럼 쏟아지는 하나님의 빛을 스치듯 보고 나서 한 말이었다.

⁴²⁻⁴³ 한편, 지도자들 가운데서도 상당수가 믿었다. 그러나 바리새인들 때문에 자신들의 믿음을 밖으로 드러내지는 않았는데, 회당에서 쫓겨날까 봐 두려웠기 때문이다. 그들은 위기의 순간에, 하나님의 영광보다는 사람의 인정을 받는 것에 더 신경을 썼던 것이다.

⁴⁴⁻⁴⁶ 예수께서 이 모든 말씀의 결론으로 이렇게 외치셨다. "누구든지 나를 믿는 사람은, 나를 믿는 것이 아니라 나를 보내신 분을 믿는 것이다. 누구든지 나를 보는 사람은, 사실은 나를 보내신 분을 보는 것이다. 나는 이 세상에 온 빛이다. 내가 온 것은 나를 믿는 모든 사람들로 더 이상 어둠 속에 머물지 않게 하려는 것이다.

⁴⁷⁻⁵⁰ 만일 누가 내 말을 듣고 진지하게 받아들이지 않는다고 해도, 나는 그를 심판하지 않는다. 나는 세상을 심판하기 위해 온 것이 아니라 세상을 구원하기 위해 왔다. 그러나 나를 회피하고 내 말을 받아들이지 않는 사람은 스스로 심판 받기를 선택하는 것이다. 육신이 된 그 말씀, 내가 너희에게

말했을 뿐 아니라 바로 나 자신이기도 한 그 말씀이, 너희의 운명을 결정할 말이다. 그 말씀 가운데 어느 것도 내 마음대로 지어낸 것이 없다. 나를 보내신 아버지께서 내가 무엇을 말하고, 어떻게 말해야 하는지를 지시해 주셨다. 나는 아버지의 명령이 어떤 열매를 맺는지 정확히 안다. 그것은 참되고 영원한 생명이다. 내가 할 말은 이것이 전부다. 아버지께서 내게 말씀하신 것을 나도 너희에게 말한다."

제자들의 발을 씻어 주시다

13

¹⁻² 유월절 직전에, 예수께서는 이 세상을 떠나 아버지께로 가야 할 때가 된 것을 아셨다. 예수께서는 자신의 소중한 동료들을 사랑하시되, 끝까지 사랑하셨다. 저녁식사 때가 되었다. 이때 이미 마귀는 가룟 사람 시몬의 아들 유다를 단단히 붙잡고서, 예수를 배반하도록 준비를 마친 상태였다.

³⁻⁶ 예수께서는 아버지께서 자기에게 모든 것을 맡기셨다는 것과, 자기가 하나님께로부터 왔다가 하나님께로 돌아갈 것을 아셨다. 예수께서 저녁식탁에서 일어나 겉옷을 옆에 두시고 수건을 두르셨다. 그런 다음에, 대야에 물을 부어 제자들의 발을 씻고 수건으로 닦아 주셨다. 예수께서 시몬 베드로에게 이르셨을 때, 베드로가 말했다. "주님, 주님께서 정말 제 발을 씻으실 겁니까?"

⁷ 예수께서 대답하셨다. "내가 하는 일을 네가 지금은 이해

하지 못한다. 그러나 나중에는 분명하게 알게 될 것이다."

8 베드로가 고집을 부렸다. "제 발은 절대로 씻지 못합니다!" 예수께서 말씀하셨다. "내가 너를 씻어 주지 않으면, 너는 내가 하는 일과 아무 상관이 없다."

9 베드로가 말했다. "주님! 그렇다면 제 발만 씻지 말고, 제 손도 씻어 주십시오! 제 머리도 씻어 주십시오!"

10-12 예수께서 말씀하셨다. "아침에 목욕을 한 사람은 이제 발만 씻으면 된다. 너희는 머리부터 발끝까지 깨끗하다. 내 관심사는 위생이 아니라 거룩이라는 것을 너희는 알아야 한다. 이제 너희는 깨끗하다. 그러나 너희 모두가 깨끗한 것은 아니다." (예수께서는 누가 자신을 배반할지 알고 계셨다. 그래서 "너희 모두가 깨끗한 것은 아니다"라고 말씀하신 것이다.) 예수께서 제자들의 발을 씻어 주시고 나서, 겉옷을 입고 식탁 자기 자리로 돌아가셨다.

12-17 예수께서 말씀하셨다. "내가 너희에게 무슨 일을 했는지 이해하겠느냐? 너희는 나를 '선생'이라 부르고 '주'라고 부르는데, 맞는 말이다. 내가 정말로 그러하다. 주이며 선생인 내가 너희의 발을 씻어 주었으니, 이제 너희도 서로 발을 씻어 주어야 한다. 내가 너희에게 모범을 보였으니, 너희도 내가 한 그대로 하여라. 나는 분명한 것만 말한다. 종이 주인보다 높지 않고, 사원이 사장에게 명령하지 못한다. 내 말이 무슨 뜻인지 알겠거든 너희도 그대로 행하여라. 복된 삶을 살아라."

그분을 배반할 자

¹⁸⁻²⁰ "지금부터 내가 하는 말은 너희 모두를 두고 하는 말
이 아니다. 나는 내가 선택한 사람들을 정확히 안다. 그것
은 다음의 성경 말씀을 이루려는 것이다.

> 내 식탁에서 빵을 먹던 자가
> 나를 배반하였습니다.

내가 이 모든 것을 너희에게 미리 말해 두는 것은, 그 일이
일어날 때에 내가 누구인지를 너희로 믿게 하려는 것이다.
너희는 이것을 바로 알고 있어야 한다. 내가 보내는 사람을
맞아들이면 나를 맞아들이는 것과 같고, 나를 맞아들이면
나를 보내신 분을 맞아들이는 것과 같다."

²¹ 예수께서 이 말씀을 하시고 나서, 근심하는 기색으로 그
이유를 말씀하셨다. "너희 가운데 한 사람이 나를 배반할 것
이다."

²²⁻²⁵ 제자들은 예수께서 도대체 누구를 두고 하신 말씀인지
궁금해서 서로 둘러보았다. 제자들 가운데 한 사람, 곧 예수
께서 깊이 사랑하시는 제자가 그분의 어깨에 머리를 기대고
있었다. 베드로가 그에게 몸짓하여, 예수께서 누구를 두고
말씀하신 것인지 물어보게 했다. 그래서 가장 가까이 있던
그 제자가 물었다. "주님, 그가 누구입니까?"

²⁶⁻²⁷ 예수께서 말씀하셨다. "내가 이 빵 조각을 적셔서 주는

사람이 바로 그다." 그러고는 빵 조각을 적셔서 가룟 사람 시몬의 아들 유다에게 주셨다. 유다가 그 빵을 받자마자, 사탄이 그에게 들어갔다.

예수께서 말씀하셨다. "네가 하려고 하는 일을 하여라. 어서 마무리 지어라."

²⁸⁻²⁹ 저녁식탁에 둘러앉은 사람들 가운데, 왜 예수께서 유다에게 그런 말씀을 하시는지 아는 사람이 아무도 없었다. 어떤 제자는 유다가 공금을 맡고 있었으므로 예수께서 그에게 명절에 필요한 것을 사라고 하셨거나, 가난한 사람들에게 뭔가를 주라고 하신 것이려니 생각했다.

³⁰ 유다는 빵 조각을 받고 그 자리를 떠났다. 밤이었다.

새 계명

³¹⁻³² 유다가 떠나가자, 예수께서 말씀하셨다. "이제 인자가 누구인지 드러났고, 하나님이 어떤 분이신지도 인자 안에서 드러났다. 인자 안에서 하나님이 드러나시는 순간에, 하나님의 영광이 드러날 것이다. 하나님께서 인자를 영화롭게 하심으로 그분 자신도 영광을 받으실 것이다!

³³ 자녀들아, 내가 너희와 함께 있는 것도 잠시뿐이다. 너희는 나를 찾을 것이다. 내가 유대인들에게 말한 것처럼 너희에게도 말한다. '내가 가는 곳에 너희는 올 수 없다.'

³⁴⁻³⁵ 내가 너희에게 새 계명을 준다. 서로 사랑하여라. 내가 너희를 사랑한 것같이, 너희도 서로 사랑하여라. 너희가 서

로 사랑할 때, 모든 사람이 그 모습을 보고 너희가 내 제자
라는 것을 알게 될 것이다."

36 시몬 베드로가 물었다. "주님, 어디로 가십니까?"

예수께서 대답하셨다. "내가 가려는 곳에 네가 지금은 따라
올 수 없다. 그러나 나중에는 따라오게 될 것이다."

37 베드로가 말했다. "주님, 왜 지금은 따라갈 수 없습니까?
주님을 위해서라면 제 목숨까지도 버리겠습니다!"

38 "정말이냐? 나를 위해 네 목숨을 버리겠다는 말이냐? 그
러나 너는 수탉이 울기 전에, 나를 세 번 부인할 것이다."

내가 길이요 진리요 생명이다

14 1-4 "너희는 이 일로 당황하지 마라. 너희는 하나
님을 믿지 않느냐? 그렇다면 또한 나를 믿어라.
내 아버지 집에는 너희를 위해 예비된 방이 많이 있다. 그렇
지 않으면, 내가 너희 방을 마련하러 간다고 말했겠느냐?
내가 가서 너희 방을 마련하면, 다시 와서 너희를 데려다가
내가 사는 곳에 너희도 같이 살게 하겠다. 너희는 내가 가는
길을 이미 알고 있다."

5 도마가 말했다. "주님, 저희는 주님이 어디로 가시는지 알
지 못합니다. 그런데 어떻게 우리가 그 길을 안다고 생각하
십니까?"

6-7 예수께서 말씀하셨다. "내가 길이요 진리요 생명이다. 나
를 떠나서는 그 누구도 아버지께 갈 수 없다. 너희가 정말로

나를 안다면, 내 아버지도 알게 될 것이다. 이제부터 너희는 그분을 아는 것이나 다름없다. 너희는 그분을 뵙기까지 했다!" ⁸ 빌립이 말했다. "주님, 저희에게 아버지를 보여주십시오. 그러면 저희가 만족하겠습니다."

⁹⁻¹⁰ "빌립아, 네가 지금까지 나와 함께 지냈으면서 아직도 모르겠느냐? 나를 보는 것은 곧 아버지를 보는 것이다. 그런데 어떻게 '아버지가 어디 계십니까?' 하고 묻는 것이냐? 내가 아버지 안에 있고 아버지께서 내 안에 계시다는 것을 너는 믿지 않는 것이냐? 내가 너희에게 하는 말은 단지 말에 불과한 것이 아니다. 나는 내 뜻대로 말을 지어내지 않는다. 내 안에 계신 아버지께서, 내 말 한 마디 한 마디를 하나님의 일로 정교하게 만들어 내신다.

¹¹⁻¹⁴ 내가 아버지 안에 있고, 내 아버지께서 내 안에 계시다고 한 내 말을 믿어라. 믿지 못하겠거든, 너희 눈으로 본 이 일이라도 믿어라. 나를 신뢰하는 사람은 내가 하는 일을 할 뿐 아니라 더 큰 일도 하게 될 것이다. 내가 아버지께로 가서, 내가 한 것과 똑같은 일을 너희도 하게 할 것이기 때문이다. 너희는 기대해도 좋다. 이제부터 내가 누구이며 내가 무슨 일을 하는지 너희가 믿고 무엇이든지 구하면, 내가 다 이루어 주겠다. 그리하여 아들 안에서 아버지가 어떤 분이신지 훤히 드러나게 하겠다. 정말이다. 너희가 무엇이든지 이 방법대로 구하면, 내가 다 이루어 주겠다."

진리의 성령

15-17 "너희가 나를 사랑하면, 내 말대로 행하여 너희의 사랑을 나타내 보여라. 내가 아버지께 말씀드려, 너희에게 또 다른 친구이신 성령을 보내시게 하겠다. 그분은 너희와 영원히 함께 계실 것이다. 친구이신 그분은 진리의 성령이시다. 하나님을 모르는 세상은, 그분을 알아보는 눈도 없고 무엇을 찾아야 할지도 모르기 때문에 그분을 맞아들이지 못한다. 그러나 너희는 이미 그분을 알고 있다. 그분이 지금까지 너희와 함께 계셨고, 앞으로도 너희 안에 계실 것이기 때문이다!

18-20 나는 너희를 고아로 버려두지 않겠다. 내가 다시 오겠다. 이제 잠시 후면 세상은 더 이상 나를 보지 못하겠지만, 너희는 나를 보게 될 것이다. 내가 살아 있고, 너희도 살아날 것이기 때문이다. 그때가 되면, 너희는 내가 아버지 안에 있고 너희가 내 안에 있으며, 내가 너희 안에 있음을 확실히 알게 될 것이다.

21 내 계명을 알고 지키는 사람이야말로 나를 사랑하는 사람이다. 나를 사랑하는 사람은 내 아버지께 사랑을 받을 것이다. 나도 그를 사랑하고 그에게 나를 분명히 드러내 보일 것이다."

22 (가룟 사람이 아닌) 유다가 말했다. "주님, 저희에게는 주님 자신을 드러내시고 세상에는 드러내지 않으시겠다니, 무슨 이유입니까?"

23-24 예수께서 말씀하셨다. "사랑이 없는 세상은 앞을 보지

못하는 세상이기 때문이다. 누구든지 나를 사랑하는 사람은 내 말을 정성껏 지킬 것이고, 내 아버지께서 그를 사랑하실 것이다. 아버지와 나는 그와 이웃이 될 것이다! 나를 사랑하지 않는 것은 곧 내 말을 지키지 않는다는 뜻이다. 너희가 듣고 있는 이 메시지는 나의 것이 아니라, 나를 보내신 아버지의 메시지다.

25-27 내가 아직 너희와 함께 있는 동안에는 이것들을 말한다. 그러나 아버지께서 나의 요청으로 보내실 친구이신 성령께서, 모든 것을 너희에게 분명히 알려 주실 것이다. 또한 내가 너희에게 말한 모든 것을 생각나게 해주실 것이다. 나는 너희를 떠나면서 온전한 선물을 주고 간다. 그것은 평화다. 나는 너희가 홀로 남겨지고 버림받고 빼앗겼다는 느낌이 들지 않게 떠날 것이다. 그러니 당황하지 마라. 불안해하지 마라.

28 너희는 '내가 갔다가 다시 오겠다'고 한 말을 들었다. 너희가 나를 사랑한다면, 내가 아버지께로 가는 것을 기뻐할 것이다. 아버지는 내 삶의 목표이자 목적이기 때문이다.

29-31 나는 그 일이 일어나기 전에 너희에게 미리 말했다. 그것은 그 일이 일어날 때, 그 일이 확증되어 나를 믿는 너희 믿음이 깊어지게 하려는 것이다. 이제 나는 너희와 더 이상의 이야기는 하지 않겠다. 하나님을 모르는 이 세상의 우두머리가 공격해 오기 때문이다. 하지만 걱정하지 마라. 그는 나를 책잡을 것도 없고, 그는 내게 아무런 권리도 없다. 내가 아버지를 얼마나 철저히 사랑하는지 세상이 알게 하려고, 나

는 마지막 하나까지도 내 아버지의 지시대로 따르고 있다.
일어나 가자. 여기를 떠날 때가 되었다."

포도나무와 가지

15

¹⁻³ "나는 참 포도나무요 내 아버지는 농부이시
다. 내게 붙어 있으면서 열매를 맺지 않는 가지
는 아버지께서 다 쳐내시고, 열매를 맺는 가지는 잘 손질해
서 더 많은 열매를 맺게 하신다. 너희는 내가 전한 메시지로
이미 잘 손질되었다.

⁴ 내 안에 살아라. 내가 너희 안에 살듯이, 너희도 내 안에
살아라. 가지가 홀로 열매를 맺을 수 없고 나무에 붙어 있어
야 열매를 맺을 수 있듯이, 너희도 내게 붙어 있지 않으면
열매를 맺을 수 없다.

⁵⁻⁸ 나는 포도나무요 너희는 가지다. 너희가 내게 붙어 있고
내가 너희에게 붙어 있어서 친밀하고 유기적인 관계를 이루
면, 틀림없이 풍성한 수확을 거둘 것이다. 그러나 내게서 떨
어져 있으면, 너희는 아무 열매도 맺을 수 없다. 누구든지
내게서 떨어져 있는 사람은 말라 죽은 가지일 뿐이다. 사람
들이 그 가지를 모아다가 모닥불에 던져 버린다. 그러나 너
희가 내 안에 편히 머물고 내 말이 너희 안에 머물면, 너희
가 구하는 것은 무엇이든 응답받고 이루어질 것을 확신해도
좋다. 이처럼 너희가 열매를 맺고 내 제자로 성숙해 갈 때,
내 아버지께서 자신의 모습을 드러내 보이신다.

⁹⁻¹⁰ 내 아버지가 나를 사랑하신 것같이 나도 너희를 사랑했다. 나의 사랑 안에 편히 머물러라. 너희가 내 계명을 지키면, 나의 사랑 안에 편히 머물게 될 것이다. 나도 내 아버지의 계명을 지켜서 아버지의 사랑 안에 편히 머물렀다.

¹¹⁻¹⁵ 내가 이것을 너희에게 말한 것은 한 가지 목적 때문이다. 그것은 나의 기쁨이 너희 기쁨이 되게 하고, 너희 기쁨이 온전히 성숙하게 하려는 것이다. 내 계명은 이것이다. 내가 너희를 사랑한 것같이 너희도 서로 사랑하여라. 최선의 사랑법은 이것이다. 친구를 위해 너희 목숨을 걸어라. 내가 너희에게 명하는 것을 너희가 행하면, 너희는 내 친구가 된다. 나는 너희를 더 이상 종이라고 부르지 않겠다. 좋은 주인이 무슨 생각을 하고 무슨 계획을 세우는지 알지 못하기 때문이다. 그러나 나는 너희를 친구라고 불렀다. 내가 내 아버지께 들은 것을 모두 너희에게 알려 주었기 때문이다.

¹⁶ 잊지 마라. 너희가 나를 선택한 것이 아니라, 내가 너희를 선택했다. 썩지 않을 열매를 맺게 하려고 내가 너희를 세상에 두었다. 너희가 열매 맺는 사람으로서 나와 연결되어 아버지께 구하면, 아버지께서 무엇이든지 너희에게 주실 것이다.

¹⁷ 그러나 기억하여라. 핵심 계명은 이것이다. 서로 사랑하여라."

세상이 너희를 미워할 것이다

¹⁸⁻¹⁹ "하나님을 모르는 세상이 너희를 미워하거든, 세상이

먼저 나를 미워했다는 것을 기억하여라. 너희가 세상의 기준대로 살았다면, 세상이 너희를 자기네 사람으로 여겨 사랑했을 것이다. 그러나 내가 너희를 선택해서 세상의 기준대로 살지 않고 하나님의 기준대로 살게 했으니, 세상이 너희를 미워할 것이다.

20 그런 일이 일어나거든, '종이 주인보다 더 나은 대우를 받지 못한다'고 한 내 말을 기억하여라. 사람들이 나를 때렸으면 틀림없이 너희도 때릴 것이다. 사람들이 내 말대로 따랐으면 너희 말도 따를 것이다.

21-25 그들은 내게 한 것처럼 너희에게도 이 모든 일을 할 것이다. 그들이 나를 보내신 분을 알지 못하기 때문이다. 내가 와서 그들에게 이 모든 것을 명백하게 말해 주지 않았다면, 상황이 그렇게까지 나쁘지는 않았을 것이다. 그러나 이제 그들은 변명할 여지가 없다. 나를 미워하는 것은 내 아버지를 미워하는 것이나 다름없다. 내가 그들 가운데서 행한 일, 지금까지 아무도 행한 적이 없는 그 일을 내가 행하지 않았더라면, 그들에게 허물이 없었을 것이다. 그러나 그들은 하나님의 표적을 보았으면서도 나와 내 아버지를 미워했다. '그들이 정당한 이유 없이 나를 미워했다'고 기록된 성경 말씀이 진리인 것을, 그들 스스로 입증한 셈이다.

26-27 내가 아버지께로부터 너희에게 보낼 친구이신 분, 곧 아버지께로부터 나오는 진리의 성령이 오시면, 그분이 나에 대해 모든 것을 확증해 주실 것이다. 너희가 처음부터 이

일에 나와 함께했으니, 너희도 분명한 증언을 내놓아야 할 것이다."

16 ¹⁻⁴ "내가 너희에게 이것들을 말한 것은, 장차 있을 힘든 때를 대비하게 하려는 것이다. 사람들이 너희를 회당에서 내쫓을 것이다. 심지어 너희를 죽이는 자마다 자기가 하는 일이 하나님을 위한 것이라고 생각할 때가 올 것이다. 그들은 아버지를 제대로 알지 못하기 때문에 그 같은 일을 할 것이다. 내가 너희에게 이것들을 말한 것은 사람들이 너희를 비난할 때 일어날 일을 미리 알려 주어서, 너희로 그때를 대비하게 하려는 것이다."

친구이신 성령께서 오실 것이다

⁴⁻⁷ "내가 이것을 처음부터 말하지 않은 것은 내가 날마다 너희와 함께 있었기 때문이다. 그러나 이제 나는 나를 보내신 분께로 간다. 그런데도 너희 가운데 아무도 '어디로 가십니까?' 하고 내게 묻는 사람이 없었다. 오히려 내 말이 길어질수록 너희는 더욱 슬픔에 잠겼다. 그래서 내가 다시 한번 진실을 말한다. 내가 떠나는 것이 너희에게 더 낫다. 내가 떠나지 않으면, 친구이신 성령이 오시지 않을 것이다. 그러나 내가 가면, 그분을 너희에게 보내 주겠다.

⁸⁻¹¹ 그분이 오셔서, 죄와 의와 심판에 대해 하나님을 모르는

세상의 관점이 잘못되었다는 것을 드러내실 것이다. 그들의 근본 죄는 나를 믿지 않는 것이고, 의는 그들이 볼 수도 없고 통제할 수도 없는 영역인 나와 아버지가 함께 있는 하늘에서 오는 것이며, 심판은 하나님을 모르는 이 세상 통치자가 재판에 붙여져 유죄 판결을 받으면서 시행된다는 것을, 그분이 너희에게 보이실 것이다.

12-15 내가 너희에게 할 말이 아직 많지만 너희가 지금은 다 감당하지 못한다. 그러나 친구이신 진리의 성령이 오시면, 그분이 너희 손을 잡고 모든 진리 가운데로 인도하실 것이다. 그분은 자신에게 이목을 끌지 않으면서, 장차 일어날 일과 내가 행하고 말한 모든 것의 의미를 너희에게 알려 주실 것이다. 그분은 나를 영화롭게 하실 것이다. 그분이 나에게서 받은 것을 너희에게 전해 줄 것이기 때문이다. 아버지께서 가지고 계신 모든 것이 또한 내 것이다. 그래서 내가 '성령이 나에게서 받은 것을 너희에게 전해 주실 것이다'라고 말한 것이다.

16 잠시 후면 너희가 나를 보지 못할 것이다. 그러나 다시 잠시 후면 너희가 나를 보게 될 것이다."

강물같이 넘쳐흐르는 기쁨

17-18 그 말씀 때문에 제자들 사이에 의문이 일었다. "잠시 후면 너희가 나를 보지 못할 것이다. 그러나 다시 잠시 후면 너희가 나를 보게 될 것이다'라고 하신 말씀이 무슨 뜻인가?

또 '내가 아버지께로 가기 때문이다'라고 하신 말씀은 무슨 뜻인가? '잠시 후면'이라는 말씀은 무슨 뜻인가? 선생님께서 무슨 말씀을 하시는지 모르겠다."

19-20 그들은 예수께서 무슨 뜻으로 말씀하신 것인지 무척이나 묻고 싶었다. 예수께서 그것을 아시고 말씀하셨다. "'잠시 후면 너희가 나를 보지 못할 것이다. 그러나 다시 잠시 후면 너희가 나를 보게 될 것이다'라고 한 내 말을 두고, 너희가 서로 그 뜻을 알고자 하느냐? 그렇다면 이것을 명심하여라. 너희는 깊은 슬픔에 잠기겠지만, 하나님을 모르는 세상은 파티를 열 것이다. 너희는 슬퍼하고 몹시 슬퍼하겠지만, 너희 슬픔은 기쁨으로 바뀔 것이다.

21-23 여자가 출산할 때에는 고통이 따르고 피할 길도 없다. 그러나 아기가 태어나면 기쁨이 넘친다. 세상에 태어난 새 생명이 고통의 기억을 말끔히 없애 주기 때문이다. 지금 너희가 겪는 슬픔이 그 고통과 같겠지만, 장차 맛볼 기쁨 또한 그 기쁨과 같을 것이다. 내가 너희를 다시 볼 때 너희는 기쁨으로 충만할 것이다. 아무도 너희에게서 그 기쁨을 빼앗아 가지 못할 것이다. 너희는 더 이상 의문을 가득 품지 않게 될 것이다.

23-24 내가 너희에게 바라는 것은 이것이다. 내가 너희에게 계시해 준 것과 일치하면 무엇이든지 아버지께 구하여라. 내 뜻을 따라 내 이름으로 구하여라. 그러면 아버지께서 너희에게 반드시 주실 것이다. 너희 기쁨이 강둑을 넘쳐흐르

는 강물 같을 것이다!

25-28 나는 비유로 너희에게 말했다. 머지않아 나는 비유를 버리고 분명한 말로 아버지에 대해 너희에게 말해 줄 것이다. 그때 너희는 내가 너희에게 계시해 준 바로 그 삶과 관련된 것을 아버지께 직접 구할 수 있을 것이다. 내가 계속 너희를 대신해서 아버지께 구하지는 않을 것이다. 그럴 필요가 없다. 너희는 위험을 무릅쓰고 나를 사랑하고 신뢰하는 일에 너희 삶을 걸었고, 내가 아버지로부터 직접 왔다는 것을 믿었으므로 아버지께서 너희를 친히 사랑하신다. 전에 나는 아버지를 떠나 이 세상에 왔으나 이제는 이 세상을 떠나 아버지께로 간다."

29-30 제자들이 말했다. "드디어 선생님께서 비유로 표현하지 않으시고 명백하고 직설적으로 말씀해 주시는군요. 이제야 저희는 선생님께서 모든 것을 알고 계시며, 모든 것이 선생님 안에서 하나로 모아진다는 것을 알겠습니다. 더 이상 선생님에 대해 의문을 갖지 않아도 되겠습니다. 저희는 선생님이 하나님께로부터 오셨다고 확신합니다."

31-33 예수께서 그들에게 대답하셨다. "너희들이 이제야 믿느냐? 하지만 너희는 곧 달아날 것이다. 너희 목숨을 구하겠다고 나를 버릴 것이다. 그러나 나는 버림받지 않는다. 아버지께서 나와 함께하신다. 내가 너희에게 이 모든 것을 말한 것은, 너희로 나를 신뢰하여 흔들리지 않게 하고 깊은 평화를 누리게 하려는 것이다. 너희는 하나님을 모르는 이 세

상에서 끊임없이 어려움을 겪을 것이다. 그러나 용기를 내
라! 내가 세상을 이겼다."

예수의 기도

17
1-5 예수께서 이 말씀을 하시고 나서 눈을 들어
기도하셨다.

아버지, 때가 되었습니다.
아들의 밝은 빛을 드러내셔서
아들이 아버지의 밝은 빛을 드러내게 해주십시오.
아버지께서는 아들에게 모든 사람을 맡기셔서
아들이 자기에게 맡겨진 모든 사람에게 참되고 영원한 생
명을 주게 하셨습니다.
참되고 영원한 생명은
아버지,
곧 유일하신 참 하나님을 알고
아버지께서 보내신 예수 그리스도를 아는 것입니다.
나는 아버지께서 내게 하라고 명하신 일을
하나도 빠뜨리지 않고 완수하여
이 땅에서 아버지를 영화롭게 했습니다.
그러니 아버지, 이번에는 아버지의 빛,
이 세상이 존재하기 전에 내가 아버지 앞에서 누리던
그 빛으로 나를 영화롭게 해주십시오.

❀

6-12 나는 아버지께서 내게 주신 모든 사람에게
아버지의 성품을 자세히 말해 주었습니다.
그들은 본래 아버지의 사람들이었는데,
아버지께서 내게 주셨습니다.
그들은 아버지께서 말씀하신 것을 지금까지 행했습니다.
이제 그들은 모든 의심의 그림자를 넘어,
아버지께서 내게 주신 모든 것이 아버지께로부터 직접 왔
다는 것을 알고 있습니다.
아버지께서 내게 주신 메시지를 내가 그들에게 주었고,
그들은 메시지를 받아들여,
내가 아버지께로부터 왔다는 것을 확신했습니다.
나는 그들을 위해 기도합니다.
하나님을 거부하는 세상을 위해서가 아니라
아버지께서 내게 주신 사람들을 위해 기도합니다.
그들은 당연히 아버지의 사람들이기 때문입니다.
나의 모든 것이 아버지의 것이고, 아버지의 것이 다 내 것
입니다.
그리고 내 생명이 그들 안에서 드러나고 있습니다.
나는 더 이상 세상에 모습을 드러내지 않을 것입니다.
그러나 내가 아버지께 돌아가도
그들은 이 세상에 머물러 있을 것입니다.

거룩하신 아버지, 아버지께서 나를 통해 선물로 주신
이 생명을 그들이 추구할 때 그들을 지켜 주셔서,
아버지와 내가 한마음 한뜻인 것처럼
그들도 한마음 한뜻이 되게 해주십시오.
나는 그들과 함께 있는 동안
아버지께서 나를 통해 주신 생명을 추구하게 하려고 그들
을 지켰습니다.
잠도 자지 않고 그들을 보호했습니다.
그들 가운데 한 사람도 잃지 않았습니다.
다만 멸망하기로 작정하고 배반한 사람만 예외가 되었
습니다.
(그 예외의 사람은 성경의 근거를 입증하기 위해서였습니다.)

✦

13-19 이제 나는 아버지께 돌아갑니다.
내가 세상이 듣는 자리에서 이 말씀을 드리는 것은,
내 사람들로 하여금 내 기쁨이
그들 안에서 충만해지는 것을 경험하게 하려는 것입니다.
내가 그들에게 아버지의 말씀을 주었는데
하나님을 모르는 세상은 그것 때문에 그들을 미워했습니다.
내가 세상의 방식을 따르지 않았듯이
그들도 세상의 방식을 따르지 않았기 때문입니다.
나는 그들을 세상에서 데려가 달라고 구하는 것이 아니라

그들을 악한 자에게서 지켜 달라고 구하는 것입니다.
세상이 나를 규정할 수 없듯이
세상도 그들을 규정할 수 없습니다.
진리로 그들을 거룩하게 구별해 주십시오.
아버지의 말씀은 거룩하게 구별하는 진리입니다.
아버지께서 내게 사명을 주셔서 세상에 보내신 것처럼
나도 그들에게 사명을 주어 세상에 보냅니다.
내가 그들을 위해 나 자신을 거룩하게 구별하는 것은
그들도 진리로 거룩하게 구별되어 자신의 사명을 감당하
게 하려는 것입니다.

✤

²⁰⁻²³ 나는 그들을 위해서만 아니라
그들 때문에, 그리고 나에 대한 그들의 증언 때문에
나를 믿게 될 이들을 위해서도 기도합니다.
그들 모두 한마음 한뜻이 되고
아버지께서 내 안에 계시고 내가 아버지 안에 있듯이,
그들도 우리와 한마음 한뜻이 되는 것, 이것이 내 기도의
목적입니다.
그래서 아버지께서 참으로 나를 보내셨다는 것을 세상
이 믿게 해주십시오.
아버지께서 내게 주신 영광을 나도 그들에게 주었습니다.
이는 내가 그들 안에 있고 아버지께서 내 안에 계시듯이,

그들도 우리처럼 하나가 되어 함께하게 하려는 것입니다.
그들이 이 하나됨 속에서 성장해서
아버지께서 나를 보내셨다는 것을,
아버지께서 나를 사랑하신 것같이 그들도 사랑하셨다는
것을
하나님을 모르는 세상에 증언하게 해주십시오.

❀

²⁴⁻²⁶ 아버지, 나는 아버지께서 내게 주신 사람들이
내가 있는 그곳에 나와 함께 있으면서
내 영광, 곧 세상이 존재하기 오래전부터
아버지께서 나를 사랑하셔서 내게 주신 빛을 보게 되기를
바랍니다.
의로우신 아버지, 세상은 아버지를 알지 못했지만
나는 아버지를 알았고
이 제자들도, 아버지께서 내게 이 사명을 맡겨서 보내신
것을 알고 있습니다.
나는 아버지의 존재를,
아버지께서 어떤 분이시고 무슨 일을 하시는지를
그들에게 알렸고
계속해서 알려 주겠습니다.
그래서 나를 사랑하신 아버지의 사랑이,
내가 그들 안에 있는 것과 똑같이

그들 안에도 있게 될 것입니다.

겟세마네 동산에서 잡히시다

18

¹ 예수께서 이렇게 기도하시고 나서, 제자들과 함께 기드론 시내 건너편으로 가셨다. 거기에 동산이 하나 있었다. 예수께서 제자들과 함께 그 안으로 들어가셨다.

²⁻⁴ 그 동산은 예수와 제자들이 자주 다니던 곳이다. 그분을 배반할 유다도 그곳을 알고 있었다. 유다는 동산으로 가는 길을 안내했고, 대제사장과 바리새인들이 보낸 로마 병사와 경비병들이 그 뒤를 따라갔다. 그들은 등불과 횃불과 칼을 들고 동산에 도착했다. 예수께서는 자신에게 닥칠 일을 다 아시고, 앞으로 나아가 그들을 만나셨다. 예수께서 말씀하셨다. "너희가 누구를 찾느냐?"

그들이 대답했다. "나사렛 사람 예수요."

⁵⁻⁶ 예수께서 말씀하셨다. "내가 그다." 병사들이 크게 놀라 뒷걸음질했다. 배반자 유다가 눈에 띄었다.

⁷ 예수께서 다시 물으셨다. "너희가 누구를 찾느냐?"

그들이 대답했다. "나사렛 사람 예수요."

⁸⁻⁹ 예수께서 말씀하셨다. "내가 그라고 너희에게 말했다. 내가 그 사람이다. 너희가 찾는 사람이 나라면, 이 사람들은 가게 해주어라." (이것으로 "아버지께서 내게 주신 사람들은 하나도 잃지 않았습니다"라고 기도하신 말씀이 이루어졌다.)

¹⁰ 바로 그때, 시몬 베드로가 차고 있던 칼을 뽑아 대제사장의 종을 쳐서 오른쪽 귀를 잘라 버렸다. 그 종의 이름은 말고였다.

¹¹ 예수께서 베드로에게 명하셨다. "그 칼을 도로 꽂아라. 너는 아버지께서 내게 주신 이 잔을 내가 마시지 않으리라고 생각하느냐?"

¹²⁻¹⁴ 그때 대장의 명령을 받은 로마 병사들이 유대 경비병들과 합세하여 예수를 붙잡고 결박했다. 그들은 먼저 가야바의 장인 안나스에게 예수를 끌고 갔다. 가야바는 그해의 대제사장이었다. 그는 한 사람이 백성을 위해 죽는 것이 낫다고 유대인들에게 충고했던 자다.

¹⁵⁻¹⁶ 시몬 베드로와 또 다른 제자가 예수를 뒤따라갔다. 그 다른 제자는 대제사장과 아는 사이여서, 예수를 따라 대제사장의 집 안뜰에 들어갈 수 있었다. 베드로는 밖에 머물러 있어야 했다. 곧 다른 제자가 나와서 문지기에게 말하고 베드로를 데리고 들어갔다.

¹⁷ 문을 지키던 젊은 여자가 베드로에게 말했다. "당신도 저 사람의 제자 가운데 하나가 아닌가요?"

베드로가 말했다. "나는 아니오."

¹⁸ 날이 추워 종들과 경비병들이 불을 피워 놓고 그 주위에 모여서 불을 쬐고 있었다. 베드로도 그들과 함께 서서 불을 쬐었다.

대제사장에게 심문 받으시다

19-21 안나스가 예수의 제자들과 가르침에 대해 그분을 심문했다. 예수께서 대답하셨다. "나는 드러내 놓고 말했다. 나는 언제나 유대인들이 모두 모이는 회당과 성전에서 가르쳤다. 나는 모든 것을 공개적으로 했다. 은밀히 말한 것은 하나도 없었다. 그런데 너희는 왜 나를 음모자 대하듯 하느냐? 내 말을 들은 사람들에게 물어보아라. 내가 무슨 말을 했는지 그들이 잘 안다. 나는 모든 것을 숨김없이 가르쳤다."

22 예수께서 이렇게 말씀하시자, 그 자리에 서 있던 경비병 하나가 예수의 뺨을 때리며 말했다. "어떻게 네가 대제사장에게 그런 식으로 말하느냐!"

23 예수께서 대답하셨다. "내가 잘못 말한 것이 있다면 증거를 대 보아라. 그러나 내가 사실 그대로 말했다면, 어찌하여 때리느냐?"

24 그러자 안나스는 예수를 결박한 채로 대제사장 가야바에게 보냈다.

25 그동안 시몬 베드로는 뒤로 물러나 불가에서 불을 쬐고 있었다. 거기에 있던 다른 사람들이 그에게 말했다. "당신도 저 사람의 제자 가운데 하나가 아니오?"

베드로가 부인했다. "나는 아니오."

26 대제사장의 종 가운데 한 사람으로 베드로에게 귀를 잘린 사람의 친척이 말했다. "당신이 동산에서 저 사람과 함께 있는 것을 내가 본 것 같은데?"

²⁷ 베드로가 다시 한번 부인했다. 바로 그때, 수탉이 울었다.

빌라도 앞에 서시다

²⁸⁻²⁹ 사람들이 예수를 가야바에게서 로마 총독의 관저로 끌고 갔다. 때는 이른 아침이었다. 그들은 유월절 음식을 먹을 자격을 잃고 싶지 않아서 총독 관저로는 들어가지 않았다. 그래서 빌라도가 그들에게 나와서 말했다. "무슨 죄로 이 사람을 고발하는 것이오?"

³⁰ 그들이 말했다. "이 사람이 악행을 저지르지 않았다면, 우리가 여기까지 와서 총독님을 귀찮게 하겠습니까?"

³¹⁻³² 빌라도가 말했다. "그를 데려가서, 여러분의 법대로 재판하시오."

유대인들이 말했다. "우리는 사람을 죽일 권한이 없습니다." (이것으로 예수께서 어떻게 죽으실 것인지 가리켜 하신 말씀이 입증되었다.)

³³ 빌라도가 다시 관저로 들어가 예수를 불러냈다. "네가 유대인의 왕이냐?"

³⁴ 예수께서 대답하셨다. "그 말은 너 스스로 한 말이냐, 아니면 다른 사람들이 나에 대해서 네게 한 말이냐?"

³⁵ 빌라도가 말했다. "내가 유대인처럼 보이느냐? 네 동족과 대제사장들이 너를 나한테 넘겼다. 네가 무슨 일을 했느냐?"

³⁶ 예수께서 말씀하셨다. "내 나라는 눈에 보이는 것들로 이루어지지 않는다. 만일 그랬다면, 나를 따르는 사람들이 싸

워서 내가 유대인들의 손에 넘어가지 않게 했을 것이다. 그
러나 나는 그런 왕이 아니다. 나는 세상이 생각하는 그런 왕
이 아니다."

37 그러자 빌라도가 말했다. "그래서, 네가 왕이냐, 아니냐?"
예수께서 대답하셨다. "네가 사실을 말했다. 나는 왕이다.
나는 진리를 증언하려고 이 세상에 왔다. 누구든지 진리에
마음이 있는 사람, 조금이라도 진리에 관심을 갖는 사람은
내 음성을 알아듣는다."

38-39 빌라도가 말했다. "진리가 무엇이냐?"

빌라도가 이 말을 한 다음, 다시 유대인들에게 나가서 말했
다. "나는 이 사람에게서 아무 잘못도 찾지 못하겠소. 유월
절에는 내가 죄수 한 명을 사면해 주는 관례가 있소. 내가
유대인의 왕이라는 이 자를 놓아주면 어떻겠소?"

40 그들이 다시 외쳤다. "이 자가 아니라 바라바를 놓아주시
오!" 바라바는 로마 체제에 저항한 유대인이었다.

가시관을 쓰시다

19 1-3 그래서 빌라도는 예수를 데려다가 채찍질하
게 했다. 병사들이 가시나무로 왕관을 엮어 예수
의 머리에 씌우고, 자주색 옷을 입혔다. 그런 다음에 그분께
다가가 "유대인의 왕, 만세!" 하고 외쳤다. 그리고 예수께
인사하며 그분의 뺨을 때렸다.

4-5 빌라도가 다시 밖으로 나가서 유대인들에게 말했다.

"내가 저 사람을 여러분 앞에 데려오겠소. 그러나 알아주기 바라오. 나는 그에게서 아무 죄도 찾지 못하겠소." 바로 그때, 예수께서 가시관을 쓰고 자주색 옷을 입고 나오셨다. 빌라도가 말했다. "보시오, 이 사람이오."

⁶ 대제사장과 경비병들이 예수를 보고 미친 듯이 소리쳤다. "십자가에 못 박으시오! 십자가에 못 박으시오!"

빌라도가 그들에게 말했다. "여러분이 그를 데려가시오. 여러분이 그를 십자가에 못 박으시오. 나는 그에게서 아무 잘못도 찾지 못하겠소."

⁷ 유대인들이 대답했다. "우리에게는 율법이 있습니다. 그 율법에 따르면, 그는 죽어 마땅합니다. 자기가 하나님의 아들이라고 했기 때문입니다."

8-9 빌라도는 이 말을 듣고 더욱 두려웠다. 그는 다시 관저로 들어가 예수께 말했다. "네가 어디서 왔느냐?"

예수께서 아무 대답도 하지 않으셨다.

¹⁰ 빌라도가 말했다. "말하지 않을 작정이냐? 나는 너를 풀어 줄 권한도 있고, 십자가에 못 박을 권한도 있다는 것을 모르느냐?"

¹¹ 예수께서 말씀하셨다. "하늘이 네게 주신 권한 말고는, 너는 나에 대해 조금도 권한이 없다. 그래서 나를 네게 넘겨준 자의 잘못이 훨씬 큰 것이다."

¹² 빌라도는 이 말을 듣고서 예수를 사면하려고 최선을 다했다. 그러나 유대인들의 외치는 소리에 그의 말은 묻혀 버리

고 말았다. "이 사람을 놓아주면 총독님은 황제의 친구가 아닙니다. 누구든지 자기가 왕이라고 주장하는 사람은 황제에게 대항하는 것이나 마찬가지입니다."

¹³⁻¹⁴ 빌라도는 이 말을 듣고서 예수를 데리고 나갔다. 그는 '포장된 뜰'(히브리 말로 '가바다')이라는 곳의 재판석에 앉았다. 그날은 유월절 예비일이었고, 시간은 낮 열두 시였다. 빌라도가 유대인들에게 말했다. "여기, 여러분의 왕이 있소."

¹⁵ 그들이 다시 외쳤다. "그를 죽이시오! 죽이시오! 그를 십자가에 못 박으시오!"

빌라도가 말했다. "여러분의 왕을 십자가에 못 박으라는 말이오?"

대제사장들이 대답했다. "우리에게 왕은 황제뿐이오."

¹⁶⁻¹⁹ 빌라도는 잠자코 그들의 요구를 들어주었다. 그는 예수를 십자가에 못 박도록 넘겨주었다.

십자가에 못 박히시다

그들이 예수를 끌고 갔다. 예수께서 십자가를 지시고 '해골언덕'(히브리 말로 '골고다')이라는 곳으로 가셨다. 거기서 그들은 예수를 십자가에 못 박고, 다른 두 사람도 예수를 가운데 두고 양 옆에 못 박았다. 빌라도가 팻말을 써서 십자가에 달게 했다. 팻말에는 이렇게 쓰여 있었다.

나사렛 사람 예수

유대인의 왕

20-21 예수께서 십자가에 못 박히신 곳은 도성에서 아주 가까운 곳이었기 때문에, 많은 유대인들이 그 팻말을 읽었다. 팻말은 히브리 말과 라틴 말, 그리스 말로 쓰여 있었다. 유대 대제사장들이 이의를 제기하며 빌라도에게 말했다. "'유대인의 왕'이라고 쓰지 마십시오. '자칭 유대인의 왕'이라고 고쳐 주십시오."

22 빌라도가 말했다. "나는 쓸 것을 썼소."

23-24 로마 병사들이 예수를 십자가에 못 박고 나서, 그분의 옷가지를 가져다가 네 몫으로 나누어 각자 한 몫씩 가졌다. 하지만 그분의 겉옷은 이음매 없이 통으로 짠 것이었다. 병사들이 서로 말했다. "저 옷은 찢지 말고 제비를 뽑아 누가 차지하나 보자." 이로써 "그들이 내 옷을 나누었고 내 겉옷을 두고 제비를 뽑았다"고 한 성경 말씀이 확증되었다. (병사들이 성경 말씀을 이룬 것이다!)

24-27 병사들이 자기네 잇속을 챙기는 동안에, 예수의 어머니와 이모와 글로바의 아내 마리아와 막달라 마리아는 십자가 아래에 서 있었다. 예수께서 자기 어머니와 그 곁에 서 있는 사랑하는 제자를 보시고 어머니에게 말씀하셨다. "여자여, 이 사람이 어머니의 아들입니다." 그런 다음, 그 제자에게 말씀하셨다. "이분이 네 어머니이시다." 그 순간부터 그 제자는 그녀를 자기 어머니로 모셨다.

²⁸ 예수께서 모든 일이 다 이루어진 것을 아시고, 성경 말씀을 이루시려고 "내가 목마르다" 하고 말씀하셨다.

²⁹⁻³⁰ 그 곁에 신 포도주가 담긴 병이 있었다. 어떤 사람이 솜뭉치를 신 포도주에 적셔서, 창끝에 달아 올려 그분의 입에 갖다 대었다. 예수께서 신 포도주를 드시고 말씀하셨다. "됐다.……다 이루었다." 예수께서 고개를 숙이고 숨을 거두셨다.

³¹⁻³⁴ 그날은 안식일을 준비하는 날이었다. 안식일에는 시체를 십자가에 둘 수 없었기 때문에, 유대인들은 십자가에 달린 자들의 다리를 꺾어 빨리 죽게 해서 시체를 내리게 해달라고 빌라도에게 청원했다. (이번 안식일은 일 년 중 가장 거룩하게 지키는 날이었다.) 그래서 병사들이 가서, 예수와 함께 십자가에 못 박힌 첫째 사람의 다리를 꺾고 또 다른 사람의 다리도 꺾었다. 병사들이 예수께 다가가서 그분이 이미 숨을 거두신 것을 보고는, 다리를 꺾지 않았다. 병사들 가운데 하나가 창으로 그분의 옆구리를 찔렀다. 피와 물이 쏟아져 나왔다.

³⁵ 이 일은 직접 목격한 사람이 정확히 전한 것이다. 그가 직접 보고 진실을 말한 이유는, 여러분도 믿게 하려는 것이다.

³⁶⁻³⁷ 이 일들로 인해 "그의 뼈가 하나도 꺾이지 않았다"고 한 성경 말씀과, "그들은 자기들이 찌른 이를 볼 것이다"라고 한 성경 말씀이 확증되었다.

✤

38 이 모든 일이 있고 나서, 아리마대 사람 요셉이 예수의 시신을 거두게 해달라고 빌라도에게 청했다. (그는 예수의 제자였지만, 유대인들의 위협 때문에 자기가 예수의 제자라는 사실을 비밀로 하고 있었다.) 빌라도가 허락하자, 요셉이 가서 시신을 거두었다.

39-42 일찍이 밤중에 예수를 찾아왔던 니고데모가, 이번에는 환한 대낮에 몰약과 침향 섞은 것을 33킬로그램쯤 가지고 왔다. 그들은 예수의 시신을 모셔다가 유대인의 장례 풍습대로 향료를 바르고 고운 베로 쌌다. 예수께서 십자가에 못 박히신 곳 근처에 동산이 있었다. 그 동산에는 아직 아무도 모신 적이 없는 새 무덤이 있었다. 그날은 유대인들이 안식일을 준비하는 날이었고 무덤도 가까이 있었으므로, 그들은 거기에 예수를 모셨다.

다시 살아나시다

20 1-2 한 주의 첫날 이른 아침이었다. 아직 어두울 때에, 막달라 마리아가 무덤에 가서 보니, 무덤을 막고 있던 돌이 입구에서 옮겨져 있었다. 그녀는 곧장 시몬 베드로와 예수께서 사랑하시는 다른 제자에게 숨 가쁘게 달려가서 말했다. "사람들이 주님을 무덤에서 꺼내 갔어요. 그들이 그분을 어디에 두었는지 모르겠습니다."

3-10 베드로와 다른 제자가 즉시 무덤을 향해 서로 앞 다투

어 달려갔다. 다른 제자가 베드로를 앞질러 무덤에 먼저 도
착했다. 그가 몸을 구부려 안을 들여다보니 거기에 고운 베
가 놓여 있었다. 그러나 그는 안으로 들어가지는 않았다. 시
몬 베드로가 그의 뒤에 도착해서 무덤 안으로 들어가 보니
고운 베가 놓여 있었다. 그분의 머리를 감쌌던 수건은 고운
베와 함께 있지 않고 따로 가지런하게 개어져 있었다. 그제
야 먼저 도착했던 다른 제자도 무덤 안으로 들어가서, 증거
를 보고 믿었다. 그분께서 죽은 자들 가운데서 살아나야 한
다는 말씀을 아직 아무도 깨닫지 못하고 있었다. 그 후에 두
제자는 집으로 돌아갔다.

¹¹⁻¹³ 그러나 마리아는 무덤 바깥에 서서 울고 있었다. 그녀
가 울면서 무릎을 꿇고 무덤 안을 들여다보니, 흰옷을 입은
두 천사가 거기에 앉아 있었다. 한 천사는 예수의 시신이 놓
여 있던 자리 머리맡에, 다른 천사는 발치에 앉아 있었다.
천사들이 마리아에게 말했다. "여자여, 어찌하여 우느냐?"

¹³⁻¹⁴ 마리아가 말했다. "사람들이 내 주님을 꺼내 갔습니다.
그들이 그분을 어디에 두었는지 모르겠습니다." 마리아가
이렇게 말하고 나서 뒤로 돌아서니, 예수께서 거기에 서 계
셨다. 그러나 마리아는 그분을 알아보지 못했다.

¹⁵ 예수께서 마리아에게 말씀하셨다. "여자여, 어찌하여 우
느냐? 누구를 찾고 있느냐?"

마리아는 그분이 동산지기인 줄 알고 말했다. "선생님, 선
생님이 그분을 모셔 갔으면, 어디에 두었는지 알려 주세요.

내가 그분을 돌보겠습니다."

¹⁶ 예수께서 "마리아야" 하고 부르셨다.

마리아가 예수께 돌아서며 히브리 말로 "랍오니!" 하고 불렀다. 이는 '선생님!'이라는 뜻이다.

¹⁷ 예수께서 말씀하셨다. "나를 계속 붙들고 있지 마라. 내가 아직 아버지께로 올라가지 않았다. 너는 내 형제들에게 가서, '내가 내 아버지이며 너희 아버지이신 분, 곧 내 하나님이시며 너희 하나님이신 분께로 올라간다'고 전하여라."

¹⁸ 막달라 마리아가 제자들에게 가서 소식을 전했다. "내가 주님을 뵈었어요!" 마리아는 예수께서 자기에게 말씀하신 모든 것을 그들에게 알렸다.

믿는 자가 되어라

¹⁹⁻²⁰ 그날 해질 녘에 제자들이 모였으나, 그들은 유대인들이 무서워 집에 있는 문이란 문은 다 닫아걸고 있었다. 예수께서 들어오셔서, 그들 가운데 서서 말씀하셨다. "너희에게 평안이 있기를!" 그러고 나서 자기의 두 손과 옆구리를 제자들에게 보여주셨다.

²⁰⁻²¹ 제자들은 자기 눈으로 주님을 뵙고는 기쁨을 가누지 못했다. 예수께서 다시 한번 인사하셨다. "너희에게 평안이 있기를! 아버지께서 나를 보내신 것처럼 나도 너희를 보낸다."

²²⁻²³ 예수께서 이 말씀을 하시고 나서 숨을 깊이 들이쉬었다가 그들에게 내쉬며 말씀하셨다. "성령을 받아라. 너희가

다른 사람의 죄를 용서하면 그 죄가 영원히 사라질 것이다.
너희가 죄를 용서하지 않으면 그 죄를 가지고 무엇을 하려
느냐?"

²⁴⁻²⁵ 그러나 열두 제자 가운데 한 사람으로, 간혹 쌍둥이라
고 불리는 도마는 예수께서 오셨을 때 그 자리에 없었다. 다
른 제자들이 그에게 말했다. "우리가 주님을 보았소."
그러나 도마는 이렇게 말했다. "내가 그분 손에 난 못 자국
을 보고, 그 못 자국에 내 손가락을 넣어 보고, 그분의 옆구
리에 내 손을 넣어 보지 않고는 그 말을 믿지 않겠소."

²⁶ 여드레 후에 제자들이 다시 방에 모여 있었다. 이번에는 도
마도 함께 있었다. 예수께서 잠긴 문들을 지나 들어오셔서,
그들 가운데 서서 말씀하셨다. "너희에게 평안이 있기를!"

²⁷ 그런 다음, 예수께서 도마에게 주목하며 말씀하셨다. "네
손가락을 내 손에 대어 보아라. 네 손을 내 옆구리에 넣어
보아라. 의심하는 자가 되지 말고, 믿는 자가 되어라."

²⁸ 도마가 말했다. "나의 주님! 나의 하나님!"

²⁹ 예수께서 말씀하셨다. "너는 네 두 눈으로 보고 나서야 믿
는구나. 보지 않고도 믿는 사람들에게는 더 큰 복이 기다리
고 있다."

³⁰⁻³¹ 예수께서는 이 책에 기록된 것보다 훨씬 많은 표적을
베푸셔서 하나님을 계시해 주셨다. 이것을 기록한 이유는,
예수께서 메시아이시며 하나님의 아들이심을 여러분으로
믿게 하고, 그 믿음을 통해 예수께서 친히 계시해 주신 참되

고 영원한 생명을 얻게 하려는 것이다.

다시 고기를 잡으러 간 제자들

21
¹⁻³ 그 후에 예수께서 제자들에게 다시 나타나셨는데, 이번에는 디베랴 바다(갈릴리 호수)에서였다. 예수께서 나타나신 경위는 이렇다. 시몬 베드로, (쌍둥이라고도 하는) 도마, 갈릴리 가나 출신의 나다나엘, 세베대의 두 아들, 그리고 다른 두 제자가 함께 있었다. 시몬 베드로가 말했다. "나는 고기 잡으러 가야겠다."

³⁻⁴ 나머지 사람들도 "우리도 함께 가겠다"고 대답했다. 그들은 나가서 배를 탔다. 그날 밤, 그들은 아무것도 잡지 못했다. 해가 뜰 무렵, 예수께서 바닷가에 서 계셨으나 그들은 그분을 알아보지 못했다.

⁵ 예수께서 그들에게 말씀하셨다. "좋은 아침이구나! 아침거리로 뭘 좀 잡았느냐?"

그들이 대답했다. "못 잡았습니다."

⁶ 예수께서 말씀하셨다. "그물을 배 오른쪽에 던지고 어떻게 되는지 보아라."

그들은 그 말씀대로 했다. 순식간에 수많은 고기가 그물에 걸려들었다. 힘이 달려서 그물을 끌어 올리지 못할 정도였다.

⁷⁻⁹ 그때 예수께서 사랑하시는 제자가 베드로에게 말했다. "주님이시다!"

시몬 베드로가 그분이 주님이신 것을 알고는, 일하느라 벗

어 놓았던 옷을 급히 챙겨 입고 바다로 뛰어들었다. 다른 제
자들은 배를 탄 채로 고기가 가득 든 그물을 끌고 나왔다.
그들은 육지에서 90미터 정도밖에 떨어지지 않은 곳에 나
가 있었다. 그들이 배에서 내리고 보니, 숯불이 지펴져 있고
그 위에 물고기와 빵이 익고 있었다.

10-11 예수께서 말씀하셨다. "너희가 방금 잡은 물고기를 몇
마리 가져오너라." 시몬 베드로가 다른 제자들과 힘을 합쳐
그물을 바닷가로 끌어올렸는데, 큰 물고기가 153마리나 되
었다! 그렇게 많은 물고기가 들었는데도 그물이 찢어지지
않았다.

12 예수께서 말씀하셨다. "아침식사가 준비됐다." 제자들 가
운데 "당신은 누구십니까?" 하고 감히 묻는 사람이 없었다.
그들은 그분이 주님이신 것을 알고 있었다.

13-14 예수께서 빵을 들어 그들에게 주시고, 물고기도 그들에
게 주셨다. 예수께서 죽은 자들 가운데서 살아나신 뒤에, 제
자들에게 살아 있는 모습을 보이신 것은 이번이 세 번째였다.

네가 나를 사랑하느냐

15 아침식사 후에, 예수께서 시몬 베드로에게 말씀하셨다. "요
한의 아들 시몬아, 네가 이 사람들보다 나를 더 사랑하느냐?"
"예, 주님, 제가 주님을 사랑하는 줄을 주님이 아십니다."
예수께서 말씀하셨다. "내 어린양들을 먹여라."

16 그런 다음, 예수께서 두 번째로 물으셨다. "요한의 아들

시몬아, 네가 나를 사랑하느냐?"

"예, 주님, 제가 주님을 사랑하는 줄을 주님이 아십니다."

예수께서 말씀하셨다. "내 양들을 돌보아라."

17-19 예수께서 세 번째로 물으셨다. "요한의 아들 시몬아, 네가 나를 사랑하느냐?"

예수께서 "네가 나를 사랑하느냐?" 하고 세 번째 물으시니, 베드로는 근심이 되었다. "주님, 주님은 모르시는 것이 없습니다. 제가 주님을 사랑하는 줄을 주님께서 틀림없이 아십니다."

예수께서 말씀하셨다. "내 양들을 먹여라. 이제 너에게 진실을 알려 주겠다. 네가 젊었을 때는 네 스스로 옷을 입고 어디든지 원하는 곳으로 다녔다. 그러나 네가 나이 들어서는 두 팔을 벌려야 할 것이다. 다른 사람이 네게 옷을 입히고, 네가 원하지 않는 곳으로 너를 데려갈 것이다." 예수께서 이렇게 말씀하신 것은, 베드로가 어떤 죽음으로 하나님을 영화롭게 할 것인지를 암시하신 것이다. 이 말씀을 하시고, 예수께서 이렇게 명하셨다. "나를 따라오너라."

20-21 베드로가 고개를 돌려 보니, 예수께서 사랑하시는 제자가 바로 뒤에서 따라오고 있었다. 베드로가 그를 보고 예수께 물었다. "주님, 이 사람은 어떻게 되겠습니까?"

22-23 예수께서 말씀하셨다. "내가 다시 올 때까지 그를 살려 두고자 하더라도 그것이 너와 무슨 상관이 있느냐? 너는 나를 따라오너라." 그래서 그 제자가 죽지 않을 것이라는 소문

이 형제들 사이에 퍼진 것이다. 그러나 예수께서 하신 말씀은 그런 뜻이 아니었다. 예수께서는 그저 "내가 다시 올 때까지 그를 살려 두고자 하더라도 그것이 너와 무슨 상관이 있느냐?"라고 말씀하셨을 뿐이다.

²⁴ 이 모든 일을 목격하고 기록한 사람이 바로 그 제자다. 우리 모두는 그의 증언이 믿을 만하고 정확하다는 것을 알고 있다.

²⁵ 이 밖에도 예수께서는 아주 많은 일을 행하셨다. 그것을 하나도 빠뜨리지 않고 낱낱이 기록한다면, 그 기록한 책을 다 담아 두기에는 이 세상도 비좁을 것이다.